중국어 간체자 손글씨 900

다락원 중국어출판부 편

다락원

간체자를 제대로 쓸 줄 알아야
중국어를 읽고 말할 수 있다

중국 교육부는 2021년 3월 24일 '国际中文教育中文水平等级标准/Chinese Proficiency Grading Standards for International Chinese Language Education/이하 '표준'이라 칭함)'을 발표하며 2021년 7월 1일부터 시행토록 하였습니다. 중국 교육부는 이 '표준'의 규범이 중국어를 제2언어로 운용하는 학습자가 일상 생활·학업·업무 등에서 중국어를 구사하여 커뮤니케이션을 온전히 할 수 있게끔 하는 언어 수준 등급을 정했다고 밝혔습니다. 그리고 이 규범이 국제 중국어 학습·교학·시험·평가에 적용되며, 이를 위한 참고 자료가 될 것이라 하였습니다.

이 '표준'을 통해 중국 교육부는 1급·2급·3급·4급·5급·6급·7~9급 한자를 발표하였고, 1급·2급·3급·4급·5급·6급·7~9급 어휘를 발표하였습니다. 우리는 『중국어 간체자 손글씨 900』을 통해 1급 한자 300개, 2급 한자 300개, 3급 한자 300개를 간체자로 익히게 됩니다. 표제자를 포함한 어휘도 익히며 중국어 기본 실력을 키우게 되는데, 이 어휘 역시 급별 어휘 리스트에서 사용 빈도 높은 어휘로 가져왔습니다.

직접 손으로 쓰며 익혀야 중국어를 더 잘 읽고 더 잘 말할 수 있습니다. 필순을 제대로 지키며 900개의 간체자를 써 봅시다!

다락원 중국어출판부

한어, 한자, 간체자, 번체자 뭐가 뭐지?

한어

현재 전 세계에서 14억 명이 넘는 사람들이 사용하는 언어, 그것은 바로 한어汉语입니다. 중국어는 알겠는데, 한어는 뭐냐고요? 중국인은 자신들의 언어를 '한어汉语'라고 부릅니다. 한어는 중국인의 대부분을 차지하는 한족汉族의 언어라는 의미입니다. 현재 한족뿐만 아니라 여러 소수민족도 한어를 사용하고 있어요. 한어에는 다양한 방언이 존재하는데, 지역에 따라 총 7가지, '북방방언·오방언·상방언·감방언·객가방언·월방언·민방언'으로 나눌 수 있답니다. 한국 내 교육과정에서는 한어 중에서도 주로 북방방언, 특히 베이징방언을 기초로 한 표준어인 '보통화普通话'를 배웁니다.

한자

중국은 글자를 쓰는 방식으로 오랜 시간 한자를 사용해 왔어요. 우리가 볼 수 있는 한자로 된 최초의 자료는 은상殷商 시기 갑골문甲骨文입니다. 하지만 갑골문은 이미 온전한 문자 체계를 형성하고 있어서, 한자의 출현은 실제 은상 시기보다 훨씬 이전일 것이라 여겨요. 갑골문 이후 한자의 서체는 주나라 금문·전서·예서·해서 단계를 거쳐 그 모양이 점점 변했는데요, 해서 이후의 한자 서체는 큰 변화가 발생하지 않은 채로 오늘날까지 전해졌습니다.

청나라 때 편찬된 저명한 자전『강희자전康熙字典』에 총 47,035개 한자가 있다고 합니다. 하지만 현재 중국인이 일상에서 사용하는 한자는 그 5분의 1에도 미치지 않는다고 해요. 현재 중국에서 고등학교 과정까지 배우고 일상생활에서 실제 사용하는 상용한자는 약 2,300여 자입니다. 우리나라 교육과정에서 배우는 상용한자는 교육부에서 지정한 중학교 900자, 고등학교 900자를 합쳐 총 1,800자입니다.

간체자와 번체자

쉽게 한자를 학습할 수 있게 하기 위해, 그리고 문맹 퇴치를 위해, 중국은 한자 획수를 대폭 줄인 간단한 한자를 만들어 1956년에 공표했습니다. 이렇게 간단한 모양의 한자를 '간체자' 혹은 '간화자'라고 하고, 기존의 정자 한자는 '번체자'라고 합니다. 간체자는 현재 중국 대륙에서만 사용하고 있으며, 대만·싱가포르·말레이시아 등과 외국의 화교 학교에서는 원래의 정자로 된 한자인 번체자를 사용하고 있습니다. 아래의 예로 번체자와 간체자의 모양을 비교해 보세요.

번체자	見	國	馬	門	飛	龍	長	鳥	車
간체자	见	国	马	门	飞	龙	长	鸟	车

이렇게 써야 단시간에 레벨업

머리말에서 밝혔듯이, '표준'을 통해 중국 교육부는 1급·2급·3급·4급·5급·6급·7~9급 한자를 발표하였고, 1급·2급·3급·4급·5급·6급·7~9급 어휘를 발표하였습니다. 우리는 이 책에서 1급 한자 300개(1~300번), 2급 한자 300개(301번~600번), 3급 한자 300개(601번~900번)를 손으로 써 보며 익힙니다.

표제자
'표준'의 1급 한자 300개(1~300번),
2급 한자 300개(301번~600번),
3급 한자 300개(601번~900번)입니다.

필순
표제자의 필순입니다. 필순을 따르면
한자를 미려하게, 쉽게, 빠르게 쓸 수
있습니다.

001

爱好 ★
àihào
동 애호하다
명 취미, 기호

爱情 ★
àiqíng
명 애정

爱
ài

필수 어휘
표제자가 들어간 필수 어휘입니다. 이 역시 대부분 '표준' 어휘에서 뽑았습니다. 이 어휘를 익히면, 중국어 회화 실력이 늘 것이며, 각종 중국어 시험에서 급수를 획득하기도 좀 더 쉬워질 것입니다.

표제자 따라 쓰기
음영 위에 필순에 따라
표제자를 써 봅시다.

필수 어휘 쓰기
표제자를 다 익혔다면, 표제자가 들어간 필수 어휘를 이 칸에 쓰며 외워 봅시다.

음원 바로 듣기
QR코드를 스마트폰으로 스캔해 보세요.
원어민의 발음을 듣고 따라 하며 간체자를 써 봅시다.

목차

머리말 … 3

간체자 소개 … 4

이 책 학습법 … 5

'표준' 1급 한자 1~300 … 6

간체자 제대로 알기 … 66

'표준' 2급 한자 301~600 … 68

중국어 기본 문장 써 보기 … 128

'표준' 3급 한자 601~900 … 130

중국어 문장부호 익히기 … 190

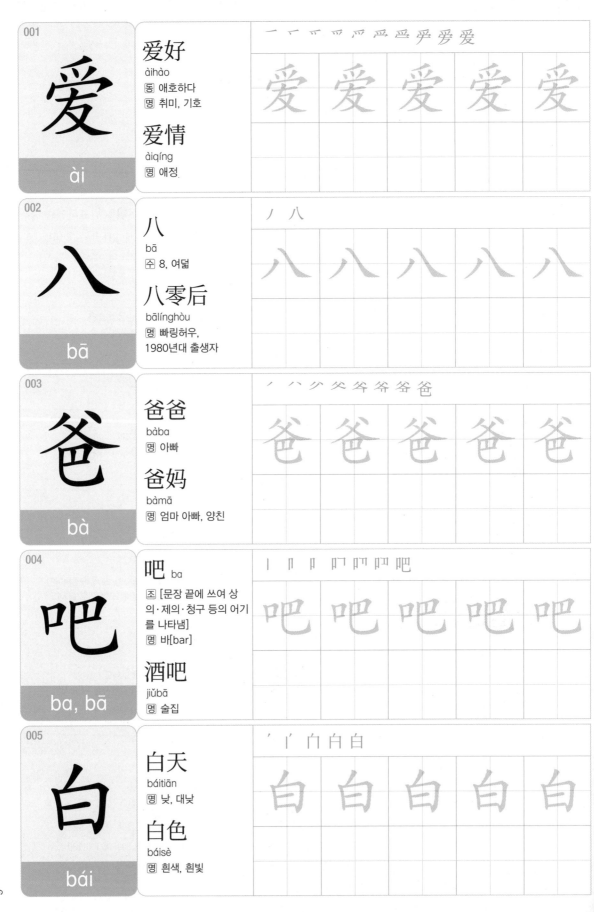

001 爱 **ài**

爱好
àihào
동 애호하다
명 취미, 기호

爱情
àiqíng
명 애정

002 八 **bā**

八
bā
수 8, 여덟

八零后
bālínghòu
명 빠링허우,
1980년대 출생자

003 爸 **bà**

爸爸
bàba
명 아빠

爸妈
bàmā
명 엄마 아빠, 양친

004 吧 **ba, bā**

吧 ba
조 [문장 끝에 쓰여 상
의·제의·청구 등의 어기
를 나타냄]
명 바[bar]

酒吧
jiǔbā
명 술집

005 白 **bái**

白天
báitiān
명 낮, 대낮

白色
báisè
명 흰색, 흰빛

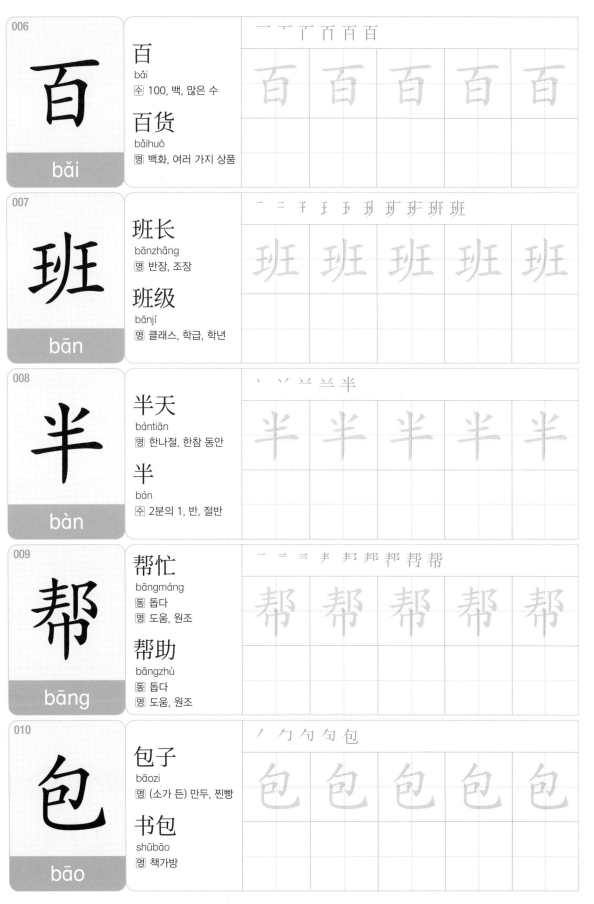

006	百 bǎi
百 bǎi ㈜ 100, 백, 많은 수	一 ア 丆 丙 百 百
百货 bǎihuò 명 백화, 여러 가지 상품	百 百 百 百 百

007	班 bān
班长 bānzhǎng 명 반장, 조장	一 二 三 千 王 五 到 妍 班 班
班级 bānjí 명 클래스, 학급, 학년	班 班 班 班 班

008	半 bàn
半天 bàntiān 명 한나절, 한참 동안	丶 丷 半 半 半
半 bàn ㈜ 2분의 1, 반, 절반	半 半 半 半 半

009	帮 bāng
帮忙 bāngmáng 동 돕다 명 도움, 원조	一 三 三 丰 丰了 邦 邦 帮 帮
帮助 bāngzhù 동 돕다 명 도움, 원조	帮 帮 帮 帮 帮

010	包 bāo
包子 bāozi 명 (소가 든) 만두, 찐빵	丿 勹 勺 句 包
书包 shūbāo 명 책가방	包 包 包 包 包

011	杯子 bēizi 명 잔, 컵 干杯 gānbēi 동 건배하다, 잔을 비우다	一 十 才 才 杯 杯 杯 杯
杯 bēi		杯　杯　杯　杯　杯

012	北方 běifāng 명 북방, 북쪽 北京 Běijīng 명 베이징[지명/중국의 수도]	一 丁 푸 푸 北
北 běi		北　北　北　北　北

013	准备 zhǔnbèi 동 준비하다, ~하려고 하다 具备 jùbèi 동 구비하다, 갖추다	ノ ク 夂 夂 各 各 备 备
备 bèi		备　备　备　备　备

014	本子 běnzi 명 노트, 공책 本来 běnlái 형 본래의 부 본래, 원래	一 十 才 木 本
本 běn		本　本　本　本　本

015	比如 bǐrú 접 예컨대, 만약 比例 bǐlì 명 비례, 비중	一 匕 比 比
比 bǐ		比　比　比　比　比

016

边
biān

旁边
pángbiān
圐 옆, 근처, 부근

北边
běibian
圐 북방, 북쪽

一 フ 力 功 边 边

边 边 边 边 边

017

别
bié

别的
biéde
圐 다른 것, 다른 사람

别人
biérén
圐 남, 타인

丶 口 口 므 另 别 别

别 别 别 别 别

018

病
bìng

病人
bìngrén
圐 환자, 병자

病毒
bìngdú
圐 바이러스

丶 亠 广 广 疒 疒 疒 病 病 病

病 病 病 病 病

019

不
bù, bú

不行
bùxíng
圐 (~하지 않으면) 안 된다

不客气
bú kèqi
천만에요, 별말씀을요

一 ブ 不 不

不 不 不 不 不

020

菜
cài

菜单
càidān
圐 메뉴, 차림표

蔬菜
shūcài
圐 채소

一 艹 艹 艹 芒 苎 荸 莱 菜

菜 菜 菜 菜 菜

9

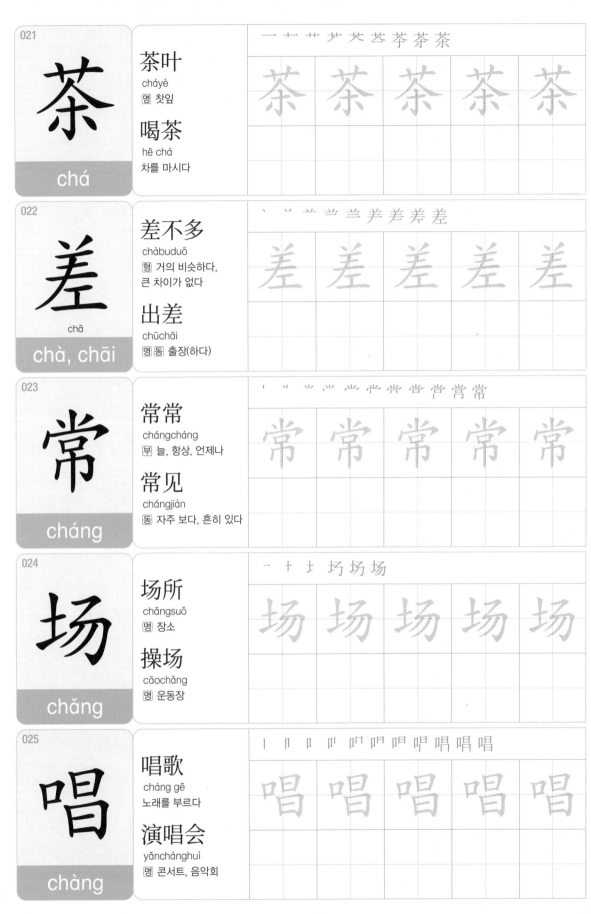

021 茶 chá

一 十 艹 犬 芡 芡 茶 茶 茶

茶叶
cháyè
명 찻잎

喝茶
hē chá
차를 마시다

022 差 chā chà, chāi

丶 丷 半 兰 兰 羊 差 差 差

差不多
chàbuduō
형 거의 비슷하다, 큰 차이가 없다

出差
chūchāi
명 동 출장(하다)

023 常 cháng

丶 丷 半 半 学 学 学 学 学 常 常

常常
chángcháng
부 늘, 항상, 언제나

常见
chángjiàn
동 자주 보다, 흔히 있다

024 场 chǎng

一 十 土 圬 圬 场 场

场所
chǎngsuǒ
명 장소

操场
cāochǎng
명 운동장

025 唱 chàng

丨 冂 叮 叮 叮 叮 叮 叮 唱 唱 唱

唱歌
chàng gē
노래를 부르다

演唱会
yǎnchànghuì
명 콘서트, 음악회

026	车 chē	车票 chēpiào 몡 차표, 승차권 车站 chēzhàn 몡 정거장, 정류소	一 左 与 车 车 车 车 车 车
027	吃 chī	吃饭 chī fàn 밥을 먹다 吃惊 chījīng 동 깜짝 놀라다	丨 口 口 叮 吃 吃 吃 吃 吃 吃
028	出 chū	出发 chūfā 동 출발하다 出口 chūkǒu 동 말을 꺼내다 동 수출하다 몡 출구	一 凵 屮 出 出 出 出 出 出 出
029	穿 chuān	穿 chuān 동 (구멍을) 뚫다 동 (옷을) 입다, (신발·양말을) 신다 穿上 chuānshang 동 입어 보다, 착장하다	` ﹀ 宀 空 空 空 空 穿 穿 穿 穿 穿 穿 穿
030	床 chuáng	床 chuáng 몡 침대 起床 qǐchuáng 동 기상하다, 일어나다	` 亠 广 广 广 床 床 床 床 床 床 床

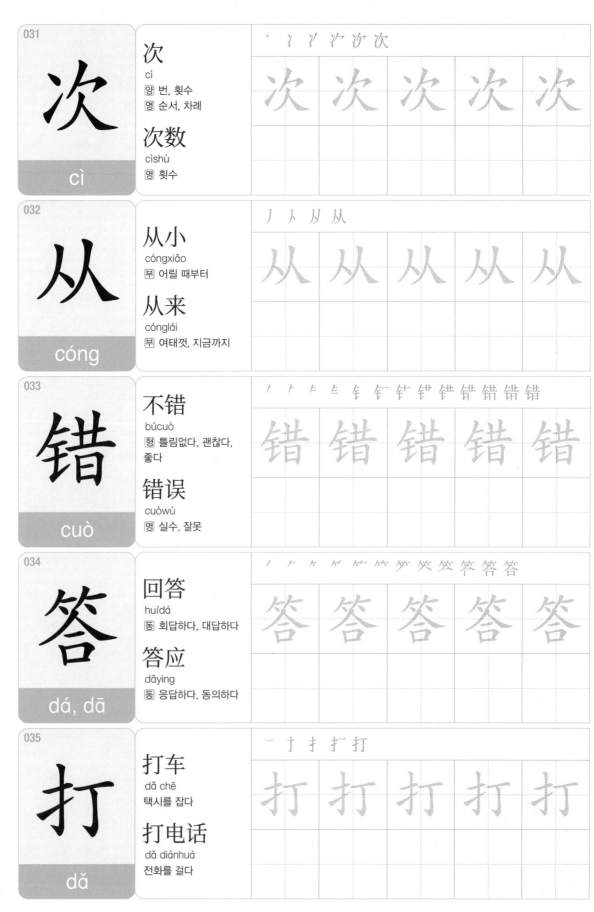

031 次 cì

次
cì
양 번, 횟수
명 순서, 차례

次数
cìshù
명 횟수

`丶 丶 冫 冫 沪 次 次`

032 从 cóng

从小
cóngxiǎo
뷔 어릴 때부터

从来
cónglái
뷔 여태껏, 지금까지

`丿 人 从 从`

033 错 cuò

不错
búcuò
형 틀림없다, 괜찮다,
좋다

错误
cuòwù
명 실수, 잘못

`丿 丿 丨 丨 钅 钅 钅 铅 铧 错 错 错 错`

034 答 dá, dā

回答
huídá
동 회답하다, 대답하다

答应
dāying
동 응답하다, 동의하다

`丿 丿 仁 仁 竹 竹 竺 竺 笶 答 答`

035 打 dǎ

打车
dǎ chē
택시를 잡다

打电话
dǎ diànhuà
전화를 걸다

`一 十 扌 扩 打`

036	大 dà, dài	大学生 dàxuéshēng 명 대학생 大夫 dàifu 명 의사	一 ナ 大 大　大　大　大　大
037	蛋 dàn	鸡蛋 jīdàn 명 달걀, 계란 蛋糕 dàngāo 명 케이크	一 丆 丐 歪 歪 歪 罘 蛋 蛋 蛋 蛋　蛋　蛋　蛋　蛋
038	到 dào	到 dào 동 도착하다, ~에 미치다 개 ~에, ~까지 到达 dàodá 동 도착하다	一 工 丞 丞 至 至 到 到 到　到　到　到　到
039	道 dào	道理 dàolǐ 명 도리, 법칙 道路 dàolù 명 도로, 길	丶 丷 䒑 芦 首 首 首 首 道 道 道 道　道　道　道　道
040	得 dé, de	得到 dédào 동 손에 넣다, 얻다 认得 rènde 동 (사람·글자 등을) 알다	丿 彳 彳 彳 彳 彳 得 得 得 得 得 得　得　得　得　得

041		
地	渐渐地 jiànjiàn de 틧 점점, 점차 地图 dìtú 몡 지도	一 十 土 士 坩 坩 地 地 地　地　地　地　地
de, dì		

042		
的	的 de 조 [한정어 뒤에 쓰임] 目的 mùdì 몡 목적	′ 亻 冇 甪 白 的 的 的 的　的　的　的　的
dī, dí **de, dì**		

043		
等	等 děng 됭 기다리다 몡 등급 等于 děngyú 됭 ~와 같다	′ ′ ′ ′ 竻 竻 筲 等 笁 等 等 等　等　等　等　等
děng		

044		
弟	弟弟 dìdi 몡 남동생 弟兄 dìxiong 몡 형제, 형과 아우	` ` ` ′ 丷 岂 弟 弟 弟　弟　弟　弟　弟
dì		

045		
第	第二 dì-èr 주 제2, 다음 第一 dì-yī 주 제1, 최초	′ ′ ′ ′ 竻 竻 竻 笁 笁 第 第 第　第　第　第　第
dì		

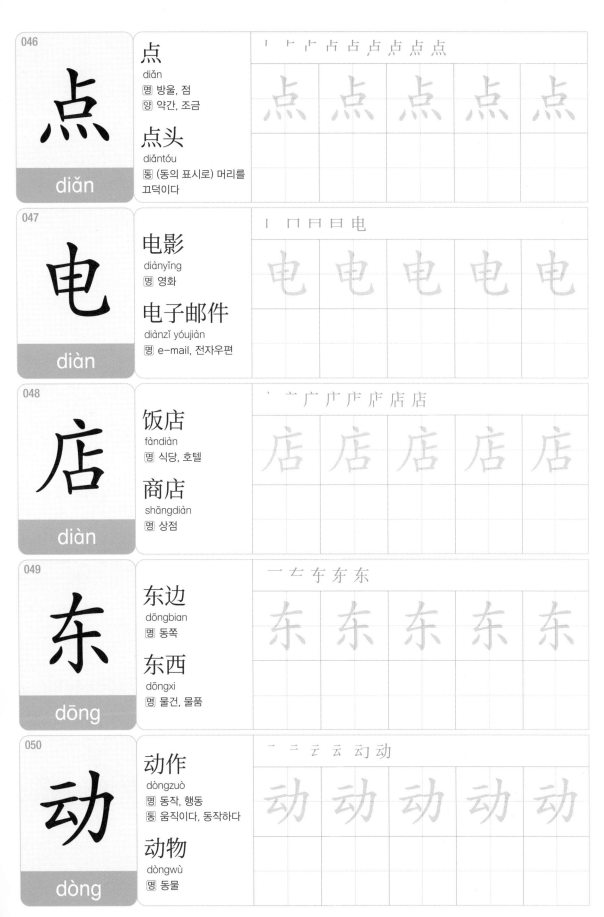

046

点
diǎn
圀 방울, 점
양 약간, 조금

点头
diǎntóu
图 (동의 표시로) 머리를 끄덕이다

| 丨 丨 卜 片 占 占 占 点 点 |
| 点 | 点 | 点 | 点 | 点 |

047

电

电影
diànyǐng
圀 영화

电子邮件
diànzǐ yóujiàn
圀 e-mail, 전자우편

| 丨 冂 冃 日 电 |
| 电 | 电 | 电 | 电 | 电 |

048

店

饭店
fàndiàn
圀 식당, 호텔

商店
shāngdiàn
圀 상점

| 丶 亠 广 广 广 庐 庐 店 店 |
| 店 | 店 | 店 | 店 | 店 |

049

东

东边
dōngbiān
圀 동쪽

东西
dōngxi
圀 물건, 물품

| 一 左 左 东 东 |
| 东 | 东 | 东 | 东 | 东 |

050

动

动作
dòngzuò
圀 동작, 행동
图 움직이다, 동작하다

动物
dòngwù
圀 동물

| 一 二 云 云 动 动 |
| 动 | 动 | 动 | 动 | 动 |

051

都
dōu
부 모두, 다

首都
shǒudū
명 수도

dōu, dū

一 十 土 耂 者 者 者 者 都 都

都 都 都 都 都

052

读书
dúshū
동 책을 읽다, 공부하다

读音
dúyīn
명 (글자의) 발음

dú

丶 讠 讠 讠 诗 诗 诗 诗 读 读

读 读 读 读 读

053

对 duì
동 대답하다, 대하다, 향하다
명 형 맞은편(의)
형 맞다, 옳다

对不起
duìbuqǐ
동 미안합니다, 죄송합니다

duì

フ 又 又 对 对

对 对 对 对 对

054

多
duō
형 많다

多少
duōshao
대 얼마, 몇

duō

丿 クタ タ 多 多

多 多 多 多 多

055

饿
è
형 배고프다
동 굶기다

饿死
èsǐ
동 굶어 죽다, 배가 고파 견딜 수 없다

è

丿 𠂉 饣 饣 饣 饣 饿 饿 饿 饿

饿 饿 饿 饿 饿

056		
儿	儿子 érzi 명 아들 女儿 nǚ'ér 명 딸	丿儿 儿 儿 儿 儿 儿
ér		

057		
二	二 èr 수 2, 둘 二维码 èrwéimǎ 명 QR코드	一 二 二 二 二 二 二
èr		

058		
饭	炒饭 chǎofàn 명 볶음밥 饭馆 fànguǎn 명 식당, 음식점, 레스토랑	丿 𠂇 𠂉 饣 饣 饭 饭 饭 饭 饭 饭 饭
fàn		

059		
方	方便 fāngbiàn 형 편리하다 方法 fāngfǎ 명 방법	丶 亠 方 方 方 方 方 方 方
fāng		

060		
房	房间 fángjiān 명 방 房子 fángzi 명 집, 건물	丶 亠 亠 户 户 户 房 房 房 房 房 房 房
fáng		

061 放 fàng	放假 fàngjià 동 방학하다, 휴가로 쉬다 / 放心 fàngxīn 동 안심하다, 마음을 놓다	丶 亠 亍 方 方 扩 扩 放 放
062 飞 fēi	飞机 fēijī 명 비행기 / 飞行 fēixíng 동 비행하다	乁 飞 飞
063 非 fēi	非常 fēicháng 형 특별한, 비상한 부 대단히, 심히 / 非法 fēifǎ 형 불법적인	丨 ㇐ 扌 刲 刲 非 非 非
064 分 fēn, fèn	分钟 fēnzhōng 명 분[시간의 길이] / 充分 chōngfèn 형 충분하다	丿 八 分 分
065 风 fēng	风 fēng 명 바람 / 风景 fēngjǐng 명 풍경, 경치	丿 几 风 风

066	衣服 yīfu 몡 옷 服务 fúwù 동 복무하다, 서비스하다	ノ 刀 月 月 肝 肥 服 服
服 fù **fú**		服 服 服 服 服

067	饼干 bǐnggān 몡 비스킷 干 gàn 동 일을 하다	一 二 干
干 **gān, gàn**		干 干 干 干 干

068	高 gāo 휑 높다, (키가) 크다 高中 gāozhōng 몡 고등학교[高级中学 약칭]	丶 亠 宀 宀 宀 宀 高 高 高 高
高 **gāo**		高 高 高 高 高

069	广告 guǎnggào 몡 광고 告别 gàobié 동 헤어지다, 작별 인사를 하다	ノ 一 生 生 告 告 告
告 **gào**		告 告 告 告 告

070	哥哥 gēge 몡 오빠, 형 大哥 dàgē 몡 맏형, 형님	一 一 丙 丙 可 可 哥 哥 哥 哥
哥 **gē**		哥 哥 哥 哥 哥

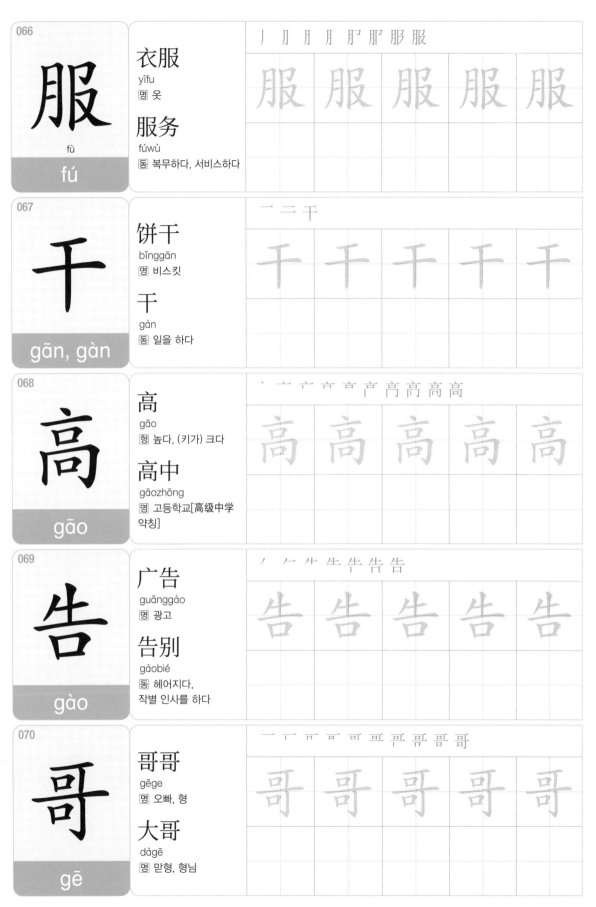

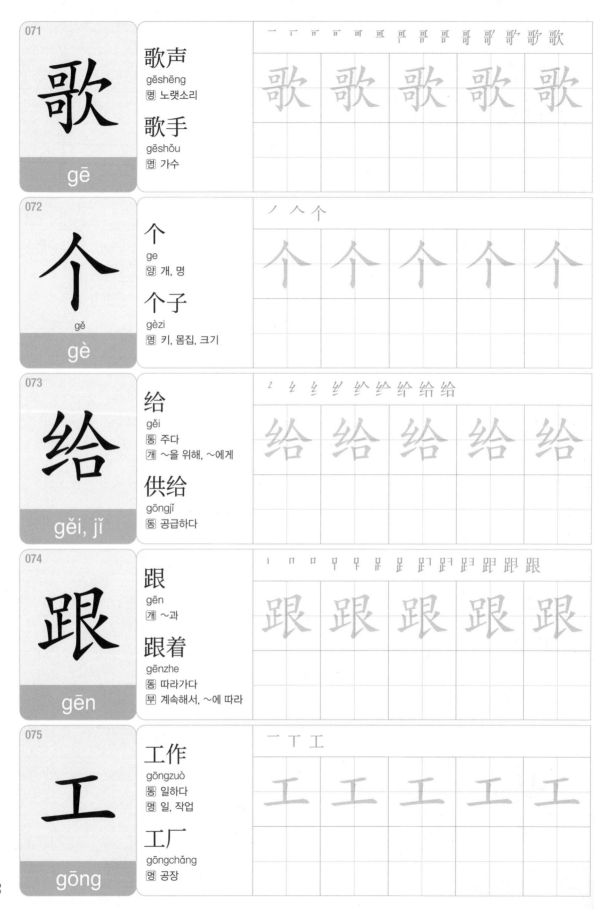

071

歌 gē

歌声
gēshēng
몡 노랫소리

歌手
gēshǒu
몡 가수

一 厂 厅 可 司 哥 哥 哥 哥 哥 哥 歌 歌 歌

歌　歌　歌　歌　歌

072

个 gě / gè

个
ge
양 개, 명

个子
gèzi
몡 키, 몸집, 크기

丿 人 个

个　个　个　个　个

073

给 gěi, jǐ

给
gěi
동 주다
개 ～을 위해, ～에게

供给
gōngjǐ
동 공급하다

乙 乡 乡 纟 纩 纩 给 给 给

给　给　给　给　给

074

跟 gēn

跟
gēn
개 ～과

跟着
gēnzhe
동 따라가다
부 계속해서, ～에 따라

丨 冂 冂 曱 曱 足 足 趴 趴 跟 跟 跟 跟

跟　跟　跟　跟　跟

075

工 gōng

工作
gōngzuò
동 일하다
몡 일, 작업

工厂
gōngchǎng
몡 공장

一 丁 工

工　工　工　工　工

关

guān

关上
guānshang
동 닫다, 끄다

关系
guānxi
명 동 관계(하다),
관련(되다)

丶 丷 兰 兰 关 关

关 关 关 关 关

馆

guǎn

图书馆
túshūguǎn
명 도서관

宾馆
bīnguǎn
명 호텔

丿 丿 亇 忄 忭 忭 馆 馆 馆 馆 馆

馆 馆 馆 馆 馆

贵

guì

贵
guì
형 비싸다, 귀하다

贵姓
guìxìng
명 성씨

丨 口 口 虫 串 串 贵 贵

贵 贵 贵 贵 贵

国

guó

国家
guójiā
명 국가, 나라

中国
Zhōngguó
명 중국

丨 冂 冂 月 月 囯 国 国

国 国 国 国 国

果

guǒ

果然
guǒrán
부 과연

果汁
guǒzhī
명 과일 주스, 과즙

丨 冂 冃 日 旦 早 果 果

果 果 果 果 果

| 081 | 过 <br> guò
 통 지나다, 방문하다, 겪다

 过程 <br> guòchéng
 명 과정 | 一 丁 寸 寸 过 过
 过　过　过　过　过 |
| guò | | |

| 082 | 还是 <br> háishi
 부 아직도, 여전히
 접 또는, 아니면

 归还 <br> guīhuán
 통 되돌려주다 | 一 丁 不 不 不 还 还
 还　还　还　还　还 |
| 还 <br> xuán <br> hái, huán | | |

| 083 | 孩子 <br> háizi
 명 아동, 아이, 자식

 女孩儿 <br> nǚháir
 명 여자아이 | 了 了 子 子 孑 孑 孖 孩 孩 孩
 孩　孩　孩　孩　孩 |
| 孩 <br> hái | | |

| 084 | 汉语
 Hànyǔ
 명 중국어

 汉字
 Hànzì
 명 한자 | 丶 氵 氵 汉 汉
 汉　汉　汉　汉　汉 |
| 汉 <br> hàn | | |

| 085 | 好 <br> hǎo
 형 좋다, 안녕하다
 통 나아지다, 좋아지다

 好学 <br> hàoxué
 통 배우는 것을 좋아하다 | 〈 女 女 女 好 好
 好　好　好　好　好 |
| 好 <br> hǎo, hào | | |

086

号
háo

hào

号码
hàomǎ
몡 번호, 숫자

挂号
guàhào
동 등록하다, 신청하다

丨 冂 冃 号 号

087

喝
hè

hē

喝
hē
동 마시다

喝醉
hēzuì
동 술을 마셔 취하다

丨 冂 冂 叮 叮 叮 听 呭 喝 喝 喝 喝

088

和
hè, hú, huó, huò

hé

和
hé
젭 ～과

和平
hépíng
몡 혱 평화(롭다)

一 二 千 禾 禾 和 和 和

089

很
hěn

hěn

很
hěn
뷔 매우, 아주

得很
de hěn
[동사나 형용사 뒤에 쓰여 정도가 매우 심함을 나타냄]

丿 彳 彳 彳 彳 彳 很 很 很

090

后
hòu

hòu

后天
hòutiān
몡 모레

以后
yǐhòu
몡 이후

一 厂 尸 斤 后 后

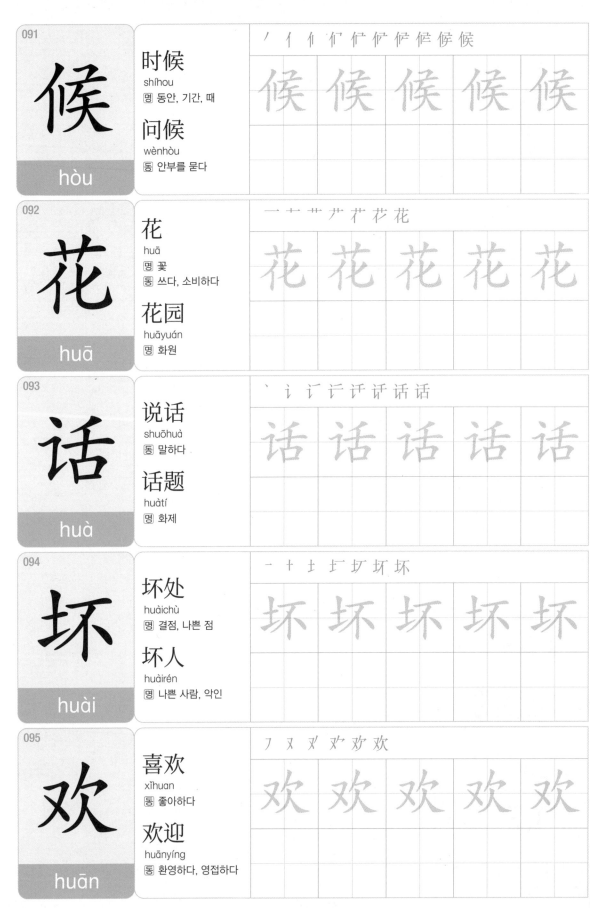

091	候 hòu	时候 shíhou 명 동안, 기간, 때 问候 wènhòu 동 안부를 묻다	ノ 亻 亻 亻 疒 疒 疒 候 候
092	花 huā	花 huā 명 꽃 동 쓰다, 소비하다 花园 huāyuán 명 화원	一 艹 艹 艹 花 花 花
093	话 huà	说话 shuōhuà 동 말하다 话题 huàtí 명 화제	丶 讠 讠 讠 讠 话 话 话
094	坏 huài	坏处 huàichù 명 결점, 나쁜 점 坏人 huàirén 명 나쁜 사람, 악인	一 十 土 圤 圢 坏 坏
095	欢 huān	喜欢 xǐhuan 동 좋아하다 欢迎 huānyíng 동 환영하다, 영접하다	丁 ヌ 又 欢 欢 欢

096

回
huí
동 되돌아오다, 회답하다
양 회, 번

回家
huí jiā
집으로 돌아가다

丨 冂 冂 冋 回 回

回 回 回 回 回

097

会 huì
동 모이다, 모으다, 만나다
동 할 수 있다
명 모임

会计
kuàijì
명 회계

ノ 人 亼 仝 会 会

会 会 会 会 会

huì, kuài

098

火车
huǒchē
명 기차

火药
huǒyào
명 화약

丶 丷 丷 少 火

火 火 火 火 火

huǒ

099

机场
jīchǎng
명 공항

机会
jīhuì
명 기회

一 十 才 木 机 机

机 机 机 机 机

jī

100

鸡肉
jīròu
명 닭고기

炸鸡
zhájī
명 닭튀김, 프라이드치킨

フ 又 𡗗 𡗗 鸡 鸡 鸡

鸡 鸡 鸡 鸡 鸡

jī

101	几 jǐ ㊐ 몇 几乎 jīhū ㊙ 거의 **jǐ, jī**	丿 几 几 几 几 几 几
102	记 记得 jìde ㊌ 기억하고 있다 记录 jìlù ㊌ 기록하다 **jì**	丶 讠 记 记 记 记 记 记 记 记
103	家 家里 jiāli ㊎ 집(안), 가정 家人 jiārén ㊎ 한 집안 식구 jia, jie **jiā**	丶 丶 宀 宀 宁 字 家 家 家 家 家 家 家 家 家
104	假 假装 jiǎzhuāng ㊌ 가장하다, ~인 체하다 假期 jiàqī ㊎ 휴가 기간 **jiǎ, jià**	丿 亻 亻 仴 仴 仴 仴 仴 假 假 假 假 假 假 假
105	间 时间 shíjiān ㊎ 시간, 동안, 시각 洗手间 xǐshǒujiān ㊎ 화장실 jiàn **jiān**	丶 丶 门 闩 间 间 间 间 间 间 间 间

106		
见 xiàn **jiàn**	**见面** jiànmiàn 图 만나다 **再见** zàijiàn 图 안녕히 가세요, 안녕히 계세요	丨 冂 冄 见 见 ／ 见　见　见　见　见

107		
教 **jiāo, jiào**	**教书** jiāoshū 图 (공부를) 가르치다 **教材** jiàocái 명 교재	一 十 土 耂 耂 孝 孝 孝 教 教 ／ 教　教　教　教　教

108		
叫 **jiào**	**叫** jiào 图 외치다, 부르다, (이름을) ~이라고 부르다 **叫醒** jiàoxǐng 图 (불러서) 깨다, 깨우다	丨 口 口 叫 叫 ／ 叫　叫　叫　叫　叫

109		
觉 **jiào, jué**	**睡觉** shuìjiào 图 자다 **觉得** juéde 图 ~이라고 느끼다	＼ ＂ ＂ ＂ 쓰 쓰 쓰 觉 觉 ／ 觉　觉　觉　觉　觉

110		
姐 **jiě**	**姐姐** jiějie 명 언니, 누나 **空姐** kōngjiě 명 스튜어디스, 여승무원	乚 女 女 如 如 姐 姐 姐 ／ 姐　姐　姐　姐　姐

111 介 jiè	介词 jiècí 몡 개사[품사 중에 하나] 介绍 jièshào 동 소개하다, 중개하다	ノ 人 介 介 介 介 介 介 介
112 今 jīn	今年 jīnnián 명 올해 今天 jīntiān 명 오늘	ノ 人 亽 今 今 今 今 今 今
113 进 jìn	进来 jìnlái 동 들어오다 进行 jìnxíng 동 진행하다, ～을 하다	一 二 丰 井 井 讲 进 进 进 进 进 进
114 京 jīng	东京 Dōngjīng 명 도쿄[일본의 수도] 京剧 jīngjù 명 경극[중국 전통극 중에 하나]	丶 亠 亠 广 宁 宁 京 京 京 京 京 京 京
115 净 jìng	干净 gānjìng 형 깨끗하다 净重 jìngzhòng 명 순량, net weight	丶 丷 丷 冫 冹 净 净 净 净 净 净 净 净

116	九 jiǔ （수）9, 아홉 九月 jiǔ yuè 9월	ノ九 九 九 九 九 九
九 jiǔ		

117	就 jiù （부）곧, 즉시, 바로 就要 jiùyào （부）곧, 머지않아	` 亠 亠 亠 古 亨 亨 京 京 就 就 就 就 就 就 就 就
就 jiù		

118	开车 kāichē （동）차를 운전하다 开玩笑 kāi wánxiào 농담을 하다, 웃기다	一 二 于 开 开 开 开 开 开
开 kāi		

119	看 kàn （동）보다, 읽다, ~이라고 생각하다 看病 kànbìng （동）문병하다, 치료하다, 진찰을 받다	一 二 三 手 看 看 看 看 看 看 看 看 看
看 kàn		

120	考试 kǎoshì （명）（동）시험(하다) 考生 kǎoshēng （명）수험생	一 十 耂 耂 考 考 考 考 考 考 考
考 kǎo		

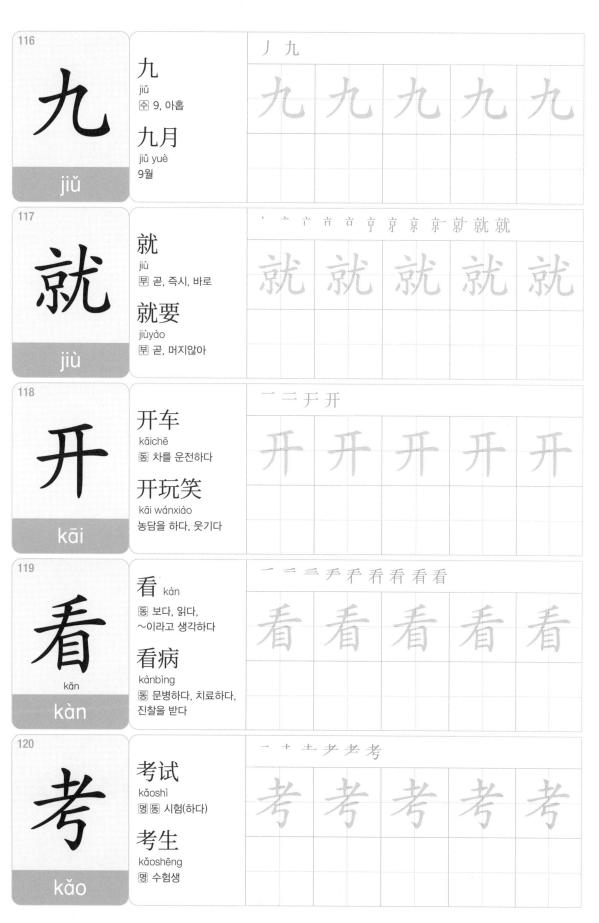

121			
渴	渴 kě 형 목마르다, 간절하다	` ` 氵 沪 沪 浔 浔 渴 渴 渴 渴	渴 渴 渴 渴 渴
kě	渴望 kěwàng 명동 갈망(하다)		

122			
客	客人 kèrén 명 손님	` ` 宀 宀 宋 宨 客 客 客	客 客 客 客 客
kè	请客 qǐngkè 동 한턱내다, 손님을 초대하다		

123			
课	课本 kèběn 명 교과서, 교재	` ` 讠 讠 讠 讠 评 课 课 课	课 课 课 课 课
kè	课堂 kètáng 명 교실		

124			
口	口 kǒu 명 입 양 식구	丨 冂 口	口 口 口 口 口
kǒu	口语 kǒuyǔ 명 구어, 입말, 회화		

125			
块	块 kuài 명양 덩어리 양 위안[중국 화폐 단위 (=元)]	一 十 土 圹 圹 块 块	块 块 块 块 块
kuài	冰块儿 bīngkuàir 명 얼음		

126	快餐 kuàicān 명 패스트푸드 快点儿 kuài diǎnr 빨리!	´ ⺁ ⺁ ⺁ 忄 忄 快 快
快 kuài		快 快 快 快 快
127	来 lái 동 오다, 닥치다, 하다 来自 láizì 동 ~에서 오다	一 厂 厂 立 平 来 来
来 lái		来 来 来 来 来
128	老 lǎo 형 늙다, 오래된, 낡은 老人 lǎorén 명 노인	一 十 土 耂 耂 老
老 lǎo		老 老 老 老 老
129	了 le 조 [완료나 변화를 나타냄] 了不起 liǎobuqǐ 형 보통이 아니다, 뛰어나다	了 了
了 le, liǎo		了 了 了 了 了
130	累 lèi 형 지치다, 피로하다 积累 jīlěi 동 쌓이다, 누적하다	⎟ ⼝ ⼞ 罒 罒 累 累 累 累 累
累 lèi, lěi		累 累 累 累 累

131 冷 lěng	冷 lěng 혱 춥다, 차다 冷静 lěngjìng 혱 조용하다, 냉정하다	ヽ ハ ハ 冷 冷 冷 冷 冷 冷 冷 冷 冷
132 里 lǐ	里边 lǐbian 뗭 안쪽, 이내 里面 lǐmiàn 뗭 안쪽, 속	丨 冂 冂 曰 曰 甲 里 里 里 里 里 里 里
133 两 liǎng	两 liǎng ㊝ 2, 둘, 쌍방 两边 liǎngbiān 뗭 양쪽, 양측, 두 방면	一 丆 丏 丙 丙 两 两 两 两 两 两 两
134 零 líng	零 líng ㊝ 0, 영, 제로 零下 língxià 뗭 영하	一 丆 雨 雨 雯 雯 雯 雯 雯 零 零 零 零 零 零 零
135 六 liù	六 liù ㊝ 6, 여섯 星期六 xīngqīliù 뗭 토요일	ヽ 亠 六 六 六 六 六 六 六

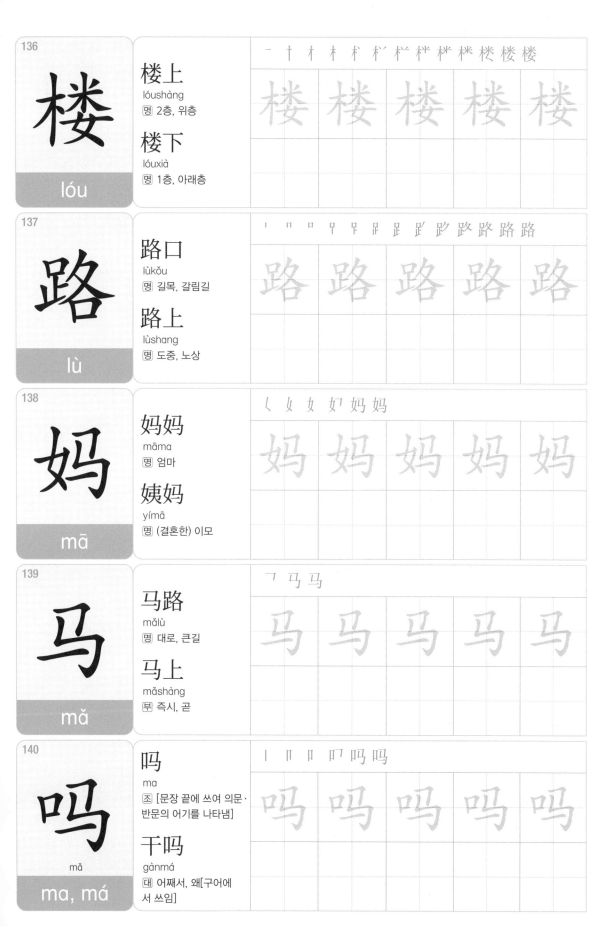

136

楼

lóu

楼上
lóushàng
명 2층, 위층

楼下
lóuxià
명 1층, 아래층

一 十 才 木 杧 杧 柑 柑 楼 楼 楼 楼

137

路

lù

路口
lùkǒu
명 길목, 갈림길

路上
lùshang
명 도중, 노상

丨 口 口 甲 甲 早 趵 趵 路 路 路 路

138

妈

mā

妈妈
māma
명 엄마

姨妈
yímā
명 (결혼한) 이모

乚 乜 女 妇 妈 妈

139

马

mǎ

马路
mǎlù
명 대로, 큰길

马上
mǎshàng
부 즉시, 곧

フ 马 马

140

吗

mǎ

吗
ma
조 [문장 끝에 쓰여 의문·반문의 어기를 나타냄]

干吗
gànmá
대 어째서, 왜[구어에서 쓰임]

丨 口 口 叮 吗 吗

ma, má

141	买 mǎi 동 사다, 구입하다 买卖 mǎimai 명 장사, 매매, 점포	乛乛乛乑乑买买 买　买　买　买　买
买 mǎi		
142	慢慢 mànmàn 부 천천히 慢用 màn yòng 천천히 많이 드세요	⼁⼁⼁忄忄忄忄忄慢慢慢慢慢慢 慢　慢　慢　慢　慢
慢 màn		
143	忙 máng 형 바쁘다 匆忙 cōngmáng 형 매우 바쁘다	⼁⼁⼁忄忙忙 忙　忙　忙　忙　忙
忙 máng		
144	毛 máo 명 털, 깃 양 마오, 元의 10분의 1 [중국 화폐 보조 단위] 毛病 máobìng 명 약점, 결점, 결함	一二三毛 毛　毛　毛　毛　毛
毛 máo		
145	什么 shénme 대 무엇, 어떤, 어느 怎么 zěnme 대 어떻게, 어째서, 왜	ノ么么 么　么　么　么　么
么 ma, yāo me		

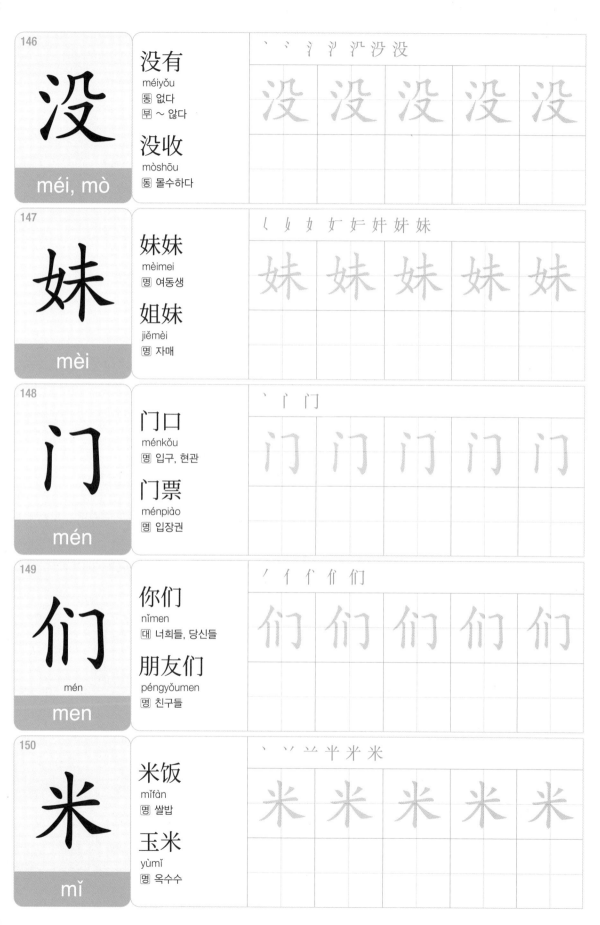

146 没 méi, mò	没有 méiyǒu 동 없다 부 ~ 않다 没收 mòshōu 동 몰수하다	` ` ` ` 氵 氵 氵 氵 没 没 没 没 没 没 没
147 妹 mèi	妹妹 mèimei 명 여동생 姐妹 jiěmèi 명 자매	ㄑ 女 女 女 女 好 奸 妹 妹 妹 妹 妹 妹 妹
148 门 mén	门口 ménkǒu 명 입구, 현관 门票 ménpiào 명 입장권	` 门 门 门 门 门 门 门
149 们 mén men	你们 nǐmen 대 너희들, 당신들 朋友们 péngyǒumen 명 친구들	` 亻 亻 们 们 们 们 们 们 们
150 米 mǐ	米饭 mǐfàn 명 쌀밥 玉米 yùmǐ 명 옥수수	` ` ` 半 米 米 米 米 米 米 米

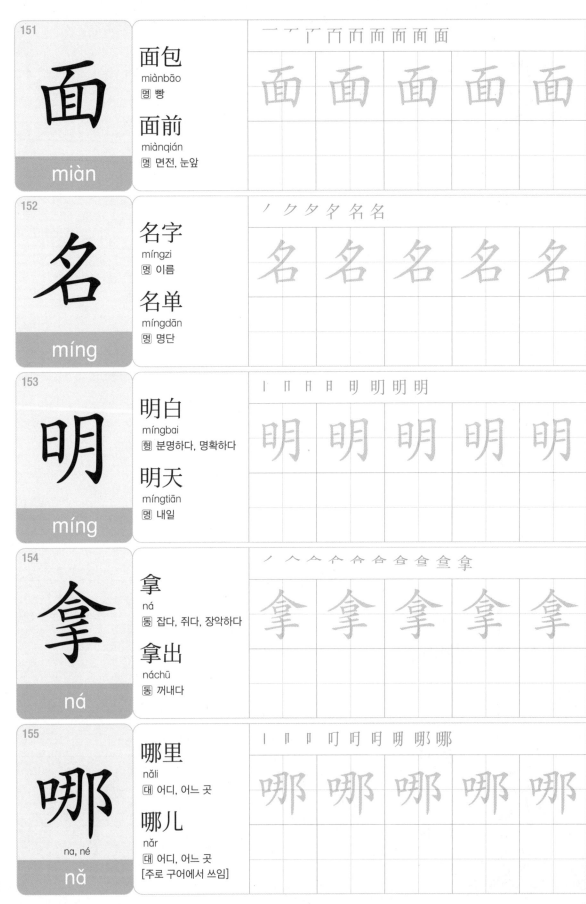

151 面 miàn

面包
miànbāo
몡 빵

面前
miànqián
몡 면전, 눈앞

一 T 厂 币 而 而 而 面 面
面 面 面 面 面

152 名 míng

名字
míngzi
몡 이름

名单
míngdān
몡 명단

丿 ク タ 夕 名 名
名 名 名 名 名

153 明 míng

明白
míngbai
혱 분명하다, 명확하다

明天
míngtiān
몡 내일

丨 冂 冃 日 日 旫 明 明
明 明 明 明 明

154 拿 ná

拿
ná
동 잡다, 쥐다, 장악하다

拿出
náchū
동 꺼내다

丿 人 人 今 合 合 合 拿 拿 拿 拿
拿 拿 拿 拿 拿

155 哪 nǎ

哪里
nǎli
대 어디, 어느 곳

哪儿
nǎr
대 어디, 어느 곳
[주로 구어에서 쓰임]

na, né

丨 口 口 叮 吁 吁 明 哪 哪
哪 哪 哪 哪 哪

156		
那 nā, nǎ **nà**	**那边** nàbiān [대] 그쪽, 저쪽, 그곳, 저곳 **那里** nàli [대] 그곳, 저곳	フ ヲ ヲ 月 那 那 那 那 那 那 那

157		
奶 **nǎi**	**奶奶** nǎinai [명] 할머니 **牛奶** niúnǎi [명] 우유	く 女 女 奶 奶 奶 奶 奶 奶 奶

158		
男 **nán**	**男朋友** nánpéngyou [명] 남자 친구, 애인 **男人** nánrén [명] (성인) 남자	丨 冂 冃 用 田 甲 男 男 男 男 男 男

159		
南 nā **nán**	**南边** nánbian [명] 남쪽, 남방 **南部** nánbù [명] 남부	一 十 广 古 古 南 南 南 南 南 南 南 南 南

160		
难 nuó **nán, nàn**	**难** nán [형] 어렵다, 곤란하다, 흉하다 **灾难** zāinàn [명] 재난	フ ヌ ヌ ヌ 对 对 难 难 难 难 难 难 难 难 难

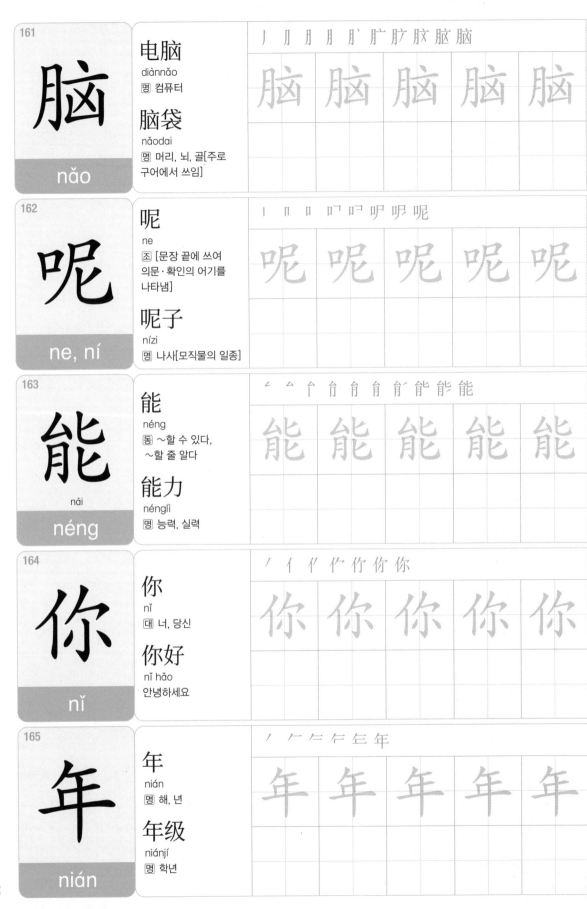

161 脑 nǎo

电脑
diànnǎo
명 컴퓨터

脑袋
nǎodai
명 머리, 뇌, 골[주로 구어에서 쓰임]

丿 刀 月 月 月` 贷 胪 胶 脑 脑

脑 脑 脑 脑 脑

162 呢 ne, ní

呢
ne
조 [문장 끝에 쓰여 의문·확인의 어기를 나타냄]

呢子
nízi
명 나사[모직물의 일종]

丨 口 口 叮 叮 叮 叮 呢

呢 呢 呢 呢 呢

163 能 néng

能
néng
동 ~할 수 있다, ~할 줄 알다

能力
nénglì
명 능력, 실력

厶 厶 厃 育 育 育 育 能 能 能

能 能 能 能 能

164 你 nǐ

你
nǐ
대 너, 당신

你好
nǐ hǎo
안녕하세요

丿 亻 亻 亇 佇 你 你

你 你 你 你 你

165 年 nián

年
nián
명 해, 년

年级
niánjí
명 학년

丿 ㇒ 二 年 年 年

年 年 年 年 年

166			
	您 nín 땡 당신[你를 높여 부르는 말]	ノ イ イ 尔 쓴 你 你 你 您 您 您	您 您 您 您 您
您 nín	您好 nín hǎo 안녕하세요		

167			
	牛肉 niúròu 명 소고기	ノ 亠 牛	牛 牛 牛 牛 牛
牛 niú	牛仔裤 niúzǎikù 명 청바지		

168			
	女朋友 nǔpéngyou 명 여자 친구, 애인	〈 女 女	女 女 女 女 女
女 nǔ	女人 nǔrén 명 (성인) 여자		

169			
	旁边 pángbiān 명 옆, 부근	丶 亠 亠 宀 产 产 产 产 萝 旁	旁 旁 旁 旁 旁
旁 páng	旁白 pángbái 명 방백, 내레이션		

170			
	跑 pǎo 동 달리다, 뛰다	丨 口 口 曱 呈 旱 距 距 跑 跑 跑	跑 跑 跑 跑 跑
跑 páo pǎo	跑步 pǎobù 동 (자세를 취하고 앞을 향해) 달리다		

171 朋 péng	朋友 péngyou 몡 친구 朋克 péngkè 몡 펑크록, 펑크족	ノ 刀 月 月 朋 朋 朋 朋 朋　朋　朋　朋　朋
172 票 piào	票价 piàojià 몡 표 값 彩票 cǎipiào 몡 복권	一 厂 厂 西 西 西 严 严 票 票 票 票　票　票　票　票
173 七 qī	七 qī 囹 7, 일곱 乱七八糟 luànqībāzāo 셍 엉망진창이다, 아수라장이다	一 七 七　七　七　七　七
174 期 jī qī	期待 qīdài 동 기대하다 期间 qījiān 몡 기간	一 十 卄 卄 卄 甘 甘 其 其 期 期 期 期 期　期　期　期　期
175 起 qǐ	起来 qǐlái 동 일어서다, 일어나다 起飞 qǐfēi 동 (비행기가) 이륙하다	一 十 土 キ キ キ 走 起 起 起 起　起　起　起　起

176 气 qì	天气 tiānqì 명 일기, 날씨 气温 qìwēn 명 기온	ノ 一 气 气 气 气 气 气 气
177 汽 qì	汽车 qìchē 명 자동차 汽水 qìshuǐ 명 탄산수, 사이다	丶 氵 氵 汽 汽 汽 汽 汽 汽 汽 汽 汽
178 前 qián	前边 qiánbian 명 앞, 앞쪽 前天 qiántiān 명 그저께	丶 丷 爿 广 肀 肖 前 前 前 前 前 前 前 前
179 钱 qián	钱包 qiánbāo 명 지갑, 돈 가방 压岁钱 yāsuìqián 명 세뱃돈	ノ 二 钅 钅 钅 钅 钅 钱 钱 钱 钱 钱 钱 钱 钱
180 请 qǐng	请问 qǐngwèn 동 말씀 좀 여쭤겠습니다 请坐 qǐng zuò 앉으세요	丶 讠 讠 讠 讠 请 请 请 请 请 请 请 请 请 请

181		
球	**地球** dìqiú 명 지구	一 二 于 王 王 封 封 封 封 球 球 球
		球　球　球　球　球
qiú	**排球** páiqiú 명 배구, 배구공	

182		
去	**去** qù 동 가다, 떠나다	一 十 土 去 去
		去　去　去　去　去
qù	**去年** qùnián 명 작년	

183		
热	**热** rè 명 열 형 뜨겁다, 덥다	一 十 才 扌 执 执 热 热 热 热
		热　热　热　热　热
rè	**热情** rèqíng 명 열정	

184		
人	**人口** rénkǒu 명 인구	丿 人
		人　人　人　人　人
rén	**人们** rénmen 명 사람들[본인 미포함]	

185		
认	**认识** rènshi 동 알다, 인식하다	丶 讠 讠 认
		认　认　认　认　认
rèn	**认真** rènzhēn 형 성실하다, 진지하다 동 정말로 여기다	

186 日 rì

日期
rìqī
명 (특정한) 기간, 날짜

星期日
xīngqīrì
명 일요일

丨 冂 冃 日

187 肉 ròu

肌肉
jīròu
명 근육

鸡肉
jīròu
명 닭고기

丨 冂 冂 内 肉 肉

188 三 sān

三
sān
수 3, 셋

三明治
sānmíngzhì
명 샌드위치

一 二 三

189 山 shān

山
shān
명 산, 산 같은 모양의 것

山峰
shānfēng
명 산봉우리

丨 山 山

190 商 shāng

商量
shāngliang
동 상의하다, 의논하다

商人
shāngrén
명 상인, 장사하는 사람

丶 亠 产 产 产 产 产 商 商 商 商

191	上车	丨 上 上
上	shàng chē 차를 타다	上 上 上 上 上
shàng	上课 shàngkè 동 수업하다	

192	少	丨 ⺌ 小 少
少	shǎo 형 적다, 부족하다	少 少 少 少 少
shǎo, shào	少年 shàonián 명 소년	

193	自我介绍	⺄ ⺄ ⺱ ⺱ 纟 纟 纟 绍 绍
绍	zìwǒ jièshào 명 자기 소개	绍 绍 绍 绍 绍
shào	绍兴酒 shàoxīngjiǔ 명 사오싱주[중국 유명 술 중에 하나]	

194	身上	⺈ ⺆ ⺆ 自 身 身 身
身	shēnshang 명 몸	身 身 身 身 身
shēn	身体 shēntǐ 명 신체	

195	什么时候	⺈ 亻 仁 什
什	shénme shíhou 언제	什 什 什 什 什
shén	什么的 shénmede 조 ~ 등등	

196 生 shēng	生气 shēngqì 동 화내다 生日 shēngrì 명 생일	ノ ヒ ヒ 生 生 生 生 生 生 生
197 师 shī	老师 lǎoshī 명 스승, 선생님 师傅 shīfu 명 스승, 사부, 숙련공	ノ リ 厂 厂 师 师 师 师 师 师 师
198 十 shí	十 shí 수 10, 열 十三点 shísāndiǎn 형 바보 같다 명 바보, 얼간이	一 十 十 十 十 十 十
199 时 shí	时代 shídài 명 시대, 시기 时刻 shíkè 명 시각, 시간	丨 冂 日 日 旷 时 时 时 时 时 时 时
200 识 shí	知识 zhīshi 명 지식 常识 chángshí 명 상식	丶 讠 沪 识 识 识 识 识 识 识 识 识

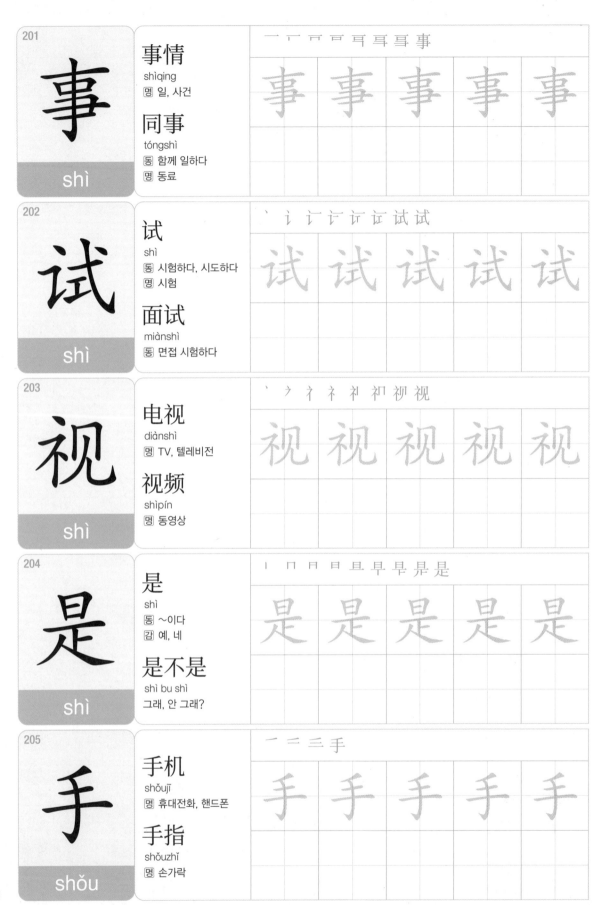

201 事 shì

事情
shìqing
몡 일, 사건

同事
tóngshì
동 함께 일하다
몡 동료

一 「 「 「 写 写 写 事
事 事 事 事 事

202 试 shì

试
shì
동 시험하다, 시도하다
몡 시험

面试
miànshì
동 면접 시험하다

丶 亠 讠 订 评 试 试
试 试 试 试 试

203 视 shì

电视
diànshì
몡 TV, 텔레비전

视频
shìpín
몡 동영상

丶 丬 衤 衤 衤 衤 视 视
视 视 视 视 视

204 是 shì

是
shì
동 ~이다
감 예, 네

是不是
shì bu shì
그래, 안 그래?

丨 冂 冃 日 旦 早 早 是 是
是 是 是 是 是

205 手 shǒu

手机
shǒujī
몡 휴대전화, 핸드폰

手指
shǒuzhǐ
몡 손가락

一 二 三 手
手 手 手 手 手

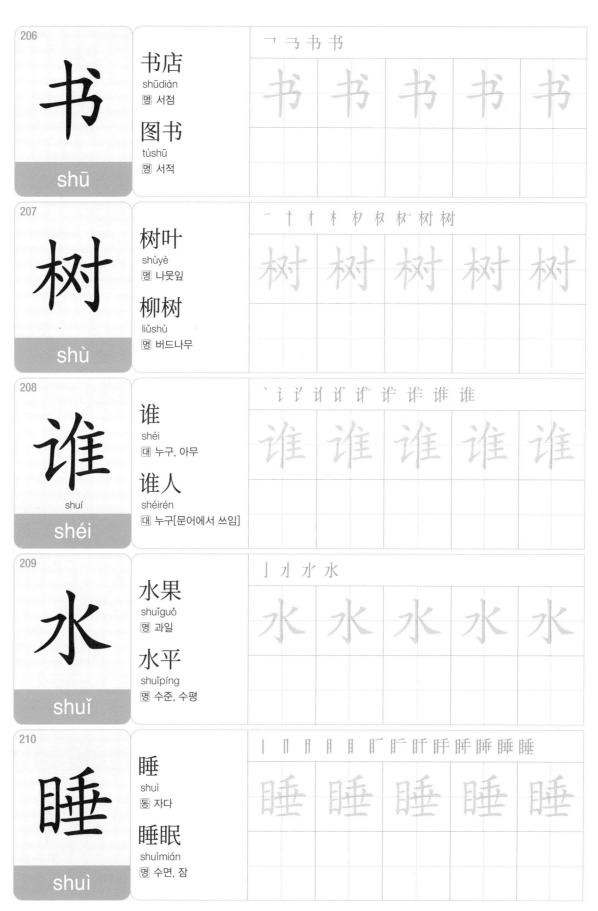

206

书

shū

书店
shūdiàn
명 서점

图书
túshū
명 서적

㇆ ⺕ 书 书

207

树

shù

树叶
shùyè
명 나뭇잎

柳树
liǔshù
명 버드나무

一 十 才 木 权 权 权 树 树

208

谁

shuí

shéi

谁
shéi
대 누구, 아무

谁人
shéirén
대 누구[문어에서 쓰임]

丶 讠 讠 讠 讠 讠 诈 诈 谁 谁

209

水

shuǐ

水果
shuǐguǒ
명 과일

水平
shuǐpíng
명 수준, 수평

亅 ⺅ 水 水

210

睡

shuì

睡
shuì
동 자다

睡眠
shuìmián
명 수면, 잠

丨 冂 月 目 目 目 盱 盱 盱 睡 睡 睡 睡

说
shuō
동 말하다, 이야기하다

小说
xiǎoshuō
명 소설

shuì, yuè

shuō

`丶丨丨丨丨讠讠讠说说说`

说 说 说 说 说

四
sì
수 4, 넷

四周
sìzhōu
명 사주, 사방, 주위

sì

`丨冂冂四四`

四 四 四 四 四

送到
sòngdào
동 ~에 송달하다, ~까지 배웅하다

送给
sònggěi
동 주다, 선사하다

sòng

`丶丷丷兰关关关送送`

送 送 送 送 送

告诉
gàosu
동 알리다, 말하다

诉讼
sùsòng
동 소송하다

sù

`丶讠讠讠讠诉诉诉`

诉 诉 诉 诉 诉

岁
suì
양 세, 살[나이를 셀 때 쓰임]
명 해

岁月
suìyuè
명 세월

suì

`丨屮屮屴岁岁`

岁 岁 岁 岁 岁

216	他	ノ 亻 亻 仲 他				
他 tā	tā 때 그, 그 사람	他	他	他	他	他
	他们 tāmen 때 그들, 그 남자들					

217	她	乚 女 女 如 如 她				
她 tā	tā 때 그녀, 그 사람	她	她	她	她	她
	她们 tāmen 때 그녀들, 그 여자들					

218	太	一 ナ 大 太				
太 tài	tài 뷔 몹시, 너무, 극히	太	太	太	太	太
	太阳 tàiyáng 명 태양, 해					

219	体育	ノ 亻 亻 什 休 休 体				
体 tǐ	tǐyù 명 체육, 스포츠	体	体	体	体	体
	体现 tǐxiàn 통 구현하다, 체현하다					

220	星期天	一 二 于 天				
天 tiān	xīngqītiān 명 일요일	天	天	天	天	天
	天上 tiānshàng 명 천상, 하늘					

221	条 tiáo	ノ ク 夂 夂 冬 条 条
条	명 가늘고 긴 나뭇가지, 선 양 [가늘고 긴 것을 셀 때 쓰임] 条件 tiáojiàn 명 조건	条 条 条 条 条
tiáo		

222	听 tīng	丨 ㄏ 口 口 叮 叮 听 听
听	동 듣다 听写 tīngxiě 동 받아쓰기를 하다, 받아쓰다	听 听 听 听 听
tīng		

223	同学 tóngxué	丨 冂 闩 同 同 同
同	명 동창, 학우, 동급생 同时 tóngshí 명 동시, 같은 시기	同 同 同 同 同
tòng tóng		

224	图片 túpiàn	丨 冂 冂 冈 冈 图 图 图
图	명 사진, 그림 图画 túhuà 명 그림, 한 장면	图 图 图 图 图
tú		

225	外国 wàiguó	ノ ク タ 外 外
外	명 외국 外语 wàiyǔ 명 외국어	外 外 外 外 外
wài		

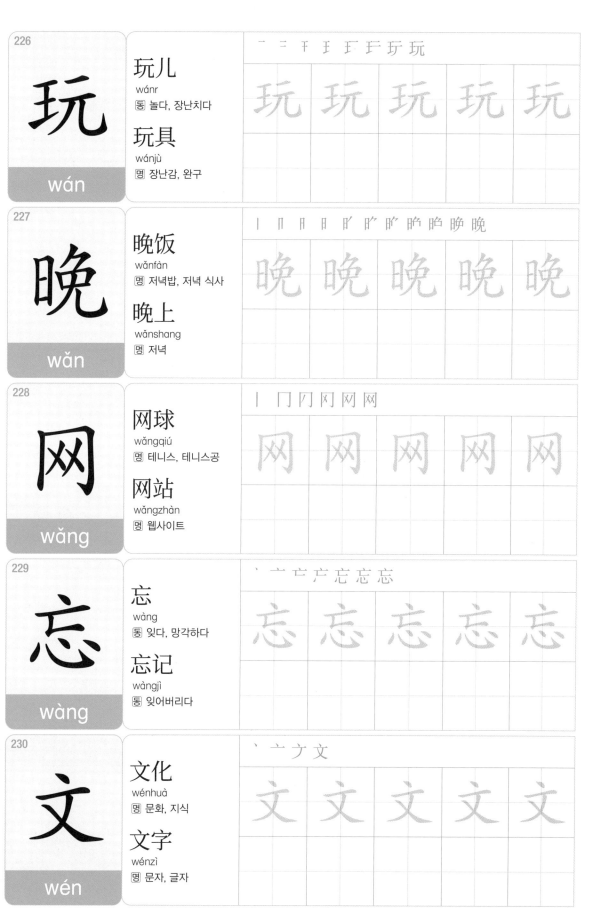

226 玩 **wán**

玩儿
wánr
[동] 놀다, 장난치다

玩具
wánjù
[명] 장난감, 완구

一 二 干 干 王 王 玗 玩 玩

玩 玩 玩 玩 玩

227 晚 **wǎn**

晚饭
wǎnfàn
[명] 저녁밥, 저녁 식사

晚上
wǎnshang
[명] 저녁

丨 冂 日 日 日 旷 旷 脱 晚 晚 晚

晚 晚 晚 晚 晚

228 网 **wǎng**

网球
wǎngqiú
[명] 테니스, 테니스공

网站
wǎngzhàn
[명] 웹사이트

丨 冂 冂 冈 网 网

网 网 网 网 网

229 忘 **wàng**

忘
wàng
[동] 잊다, 망각하다

忘记
wàngjì
[동] 잊어버리다

丶 亠 亡 亡 忘 忘 忘

忘 忘 忘 忘 忘

230 文 **wén**

文化
wénhuà
[명] 문화, 지식

文字
wénzì
[명] 문자, 글자

丶 一 ナ 文

文 文 文 文 文

231	问 wèn 통 묻다, 질문하다 问题 wèntí 명 문제, 질문	⟍ 亻 门 问 问 问
问 **wèn**		问 问 问 问 问

232	我 wǒ 대 나, 저 我们 wǒmen 대 우리, 저희	⟍ 二 千 手 我 我 我
我 **wǒ**		我 我 我 我 我

233	五 wǔ 수 5, 다섯 五花肉 wǔhuāròu 명 삼겹살	一 丁 五 五
五 **wǔ**		五 五 五 五 五

234	午饭 wǔfàn 명 점심밥, 점심 식사 中午 zhōngwǔ 명 점심, 정오	⟍ 亠 午 午
午 **wǔ**		午 午 午 午 午

235	西边 xībian 명 서쪽 西餐 xīcān 명 양식, 서양식	一 厂 厅 西 西 西
西 **xī**		西 西 西 西 西

236	休息 xiūxi 동 휴식하다 消息 xiāoxi 명 정보, 소식	' ｢ ｢ 白 自 自 自 息 息 息
息 xī		息　息　息　息　息

237	学习 xuéxí 동 학습하다, 공부하다 练习 liànxí 명동 연습(하다)	ﾏ 习 习
习 xí		习　习　习　习　习

238	洗衣机 xǐyījī 명 세탁기 洗澡 xǐzǎo 동 목욕하다	` ｀ ｀ 氵 氵 汇 汼 沣 洴 洗
洗 xiǎn xǐ		洗　洗　洗　洗　洗

239	恭喜 gōngxǐ 동 축하하다 喜事 xǐshì 명 경사, 기쁜 일	一 十 吉 吉 吉 吉 吉 吉 壴 喜 喜 喜
喜 xǐ		喜　喜　喜　喜　喜

240	中文系 Zhōngwénxì 명 중문학과 联系 liánxì 동 연락하다, 관계하다	一 ｢ 互 玄 系 系 系
系 jì xì		系　系　系　系　系

241	下车	一 丁 下					
	xià chē	下	下	下	下	下	下
下	하차하다, 차에서 내리다						
	下课						
xià	xiàkè						
	통 수업이 끝나다, 수업을 마치다						

242	先	ノ ヒ 生 生 先 先				
	xiān	先	先	先	先	先
先	명 앞, 앞장					
	부 먼저, 우선, 미리					
	先生					
xiān	xiānsheng					
	명 선생, ~ 씨, 남편					

243	现在	一 二 干 王 丑 珇 珇 现				
	xiànzài	现	现	现	现	现
现	명 현재, 지금					
	现代					
xiàn	xiàndài					
	명 현대					

244	想	一 十 才 木 村 机 柑 相 相 相 想 想 想				
	xiǎng	想	想	想	想	想
想	통 생각하다, ~하고 싶다					
	想法					
xiǎng	xiǎngfǎ					
	명 생각, 의견					

245	小学	ノ 小 小				
	xiǎoxué	小	小	小	小	小
小	명 초등학교					
	小心					
xiǎo	xiǎoxīn					
	통 조심하다, 주의하다					

246 校 jiào xiào	学校 xuéxiào 몡 학교 校园 xiàoyuán 몡 교정, 캠퍼스	一 十 才 木 杧 栌 栌 栌 栌 校 校 校 校 校 校 校
247 笑 xiào	笑 xiào 동 웃다 笑话 xiàohua 몡 우스운 이야기, 조크	丿 广 广 灯 竹 竺 竺 竺 竽 笑 笑 笑 笑 笑 笑
248 些 xiē	一些 yìxiē 수량 약간, 조금 这些 zhèxiē 대 이것들, 이런 것들	丨 卜 止 止 此 此 些 些 些 些 些 些 些
249 写 xiě	写 xiě 동 (글씨나 글을) 쓰다 写作 xiězuò 동 글을 짓다, 작문하다	丶 冖 宁 写 写 写 写 写 写 写
250 谢 xiè	谢谢 xièxie 동 고맙습니다, 감사합니다 感谢 gǎnxiè 동 감사하다	丶 讠 讠 讠 诮 诮 诮 诮 谢 谢 谢 谢 谢 谢 谢 谢

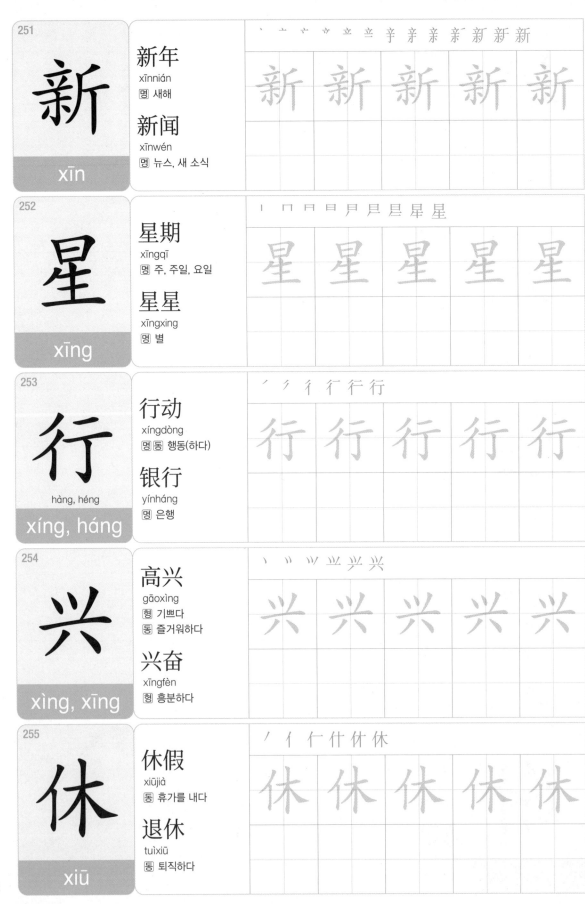

251 新 xīn

新年
xīnnián
명 새해

新闻
xīnwén
명 뉴스, 새 소식

丶 亠 亠 立 立 辛 辛 亲 亲 新 新 新

252 星 xīng

星期
xīngqī
명 주, 주일, 요일

星星
xīngxing
명 별

丨 冂 冂 曰 曰 旦 旦 尸 尸 星 星

253 行 hàng, héng / xíng, háng

行动
xíngdòng
명 동 행동(하다)

银行
yínháng
명 은행

丿 彳 彳 彳 行 行

254 兴 xìng, xīng

高兴
gāoxìng
형 기쁘다
동 즐거워하다

兴奋
xīngfèn
형 흥분하다

丶 丷 丷 ⺍ 兴 兴

255 休 xiū

休假
xiūjià
동 휴가를 내다

退休
tuìxiū
동 퇴직하다

丿 亻 亻 什 休 休

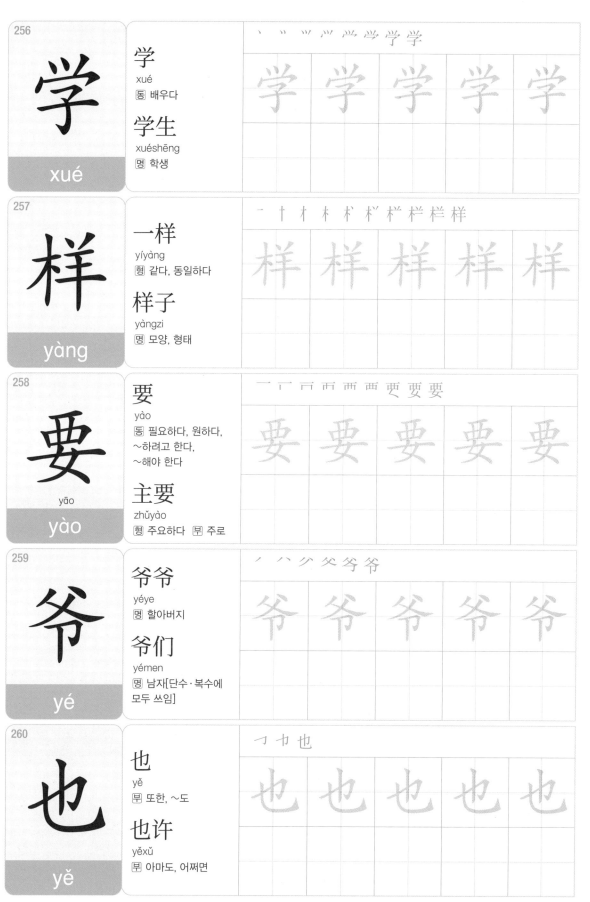

256	学 xué 동 배우다	`、 ` ⺍ ⺍ 뿌 学 学 学`
学	学生 xuéshēng 명 학생	学 学 学 学 学
xué		

257	一样 yíyàng 형 같다, 동일하다	`一 十 才 木 术 杧 栏 栏 栏 样`
样	样子 yàngzi 명 모양, 형태	样 样 样 样 样
yàng		

258	要 yào 동 필요하다, 원하다, ~하려고 한다, ~해야 한다	`一 丁 币 币 西 西 要 要 要`
要	主要 zhǔyào 형 주요하다 부 주로	要 要 要 要 要
yào		

259	爷爷 yéye 명 할아버지	`、 ` ハ 父 父 爷 爷`
爷	爷们 yémen 명 남자[단수·복수에 모두 쓰임]	爷 爷 爷 爷 爷
yé		

260	也 yě 부 또한, ~도	`⁊ 九 也`
也	也许 yěxǔ 부 아마도, 어쩌면	也 也 也 也 也
yě		

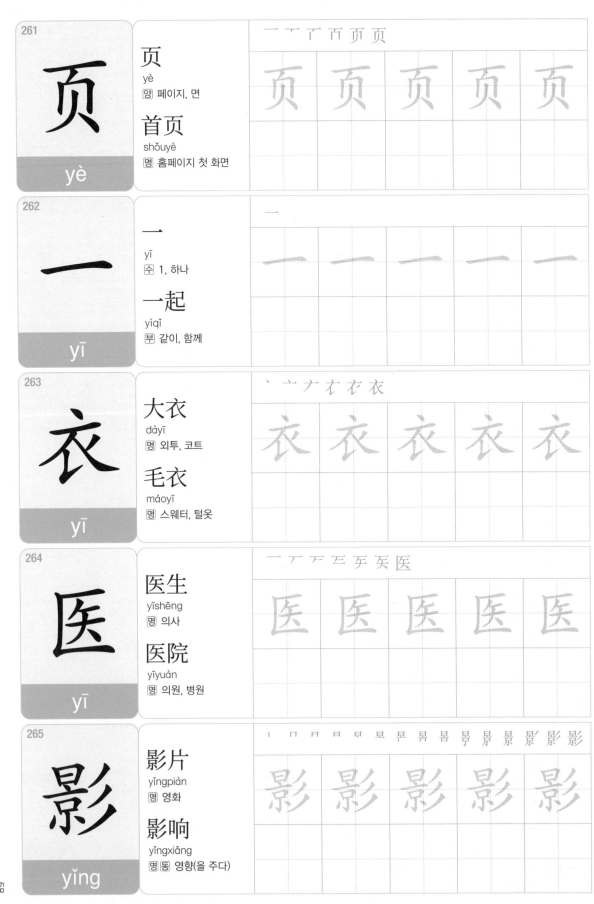

261

页
yè
뗭 페이지, 면

首页
shǒuyè
뗭 홈페이지 첫 화면

yè

一丆丆页页页

262

一
yī
㊲ 1, 하나

一起
yìqǐ
뗰 같이, 함께

yī

一

263

大衣
dàyī
뗭 외투, 코트

毛衣
máoyī
뗭 스웨터, 털옷

yī

丶亠产衣衣衣

264

医生
yīshēng
뗭 의사

医院
yīyuàn
뗭 의원, 병원

yī

一丆丆匞圧医医

265

影片
yǐngpiàn
뗭 영화

影响
yǐngxiǎng
뗭뗴 영향(을 주다)

yǐng

丨冂冃冃旦昌昙昙景景影影影

266

用
yòng
동 쓰다, 사용하다

应用
yìngyòng
동 사용하다, 운용하다
명 응용, 애플리케이션, app

丿 刀 月 月 用

用　用　用　用　用

用
yòng

267

友好
yǒuhǎo
명 형 우호(적이다)

友谊
yǒuyì
명 우의, 우정

一 ナ 方 友

友　友　友　友　友

友
yǒu

268

有
yǒu
동 가지고 있다[소유], 있다[존재]

有的
yǒude
대 어떤 것, 어떤 사람

一 ナ 𠂇 有 有 有

有　有　有　有　有

有
yòu

yǒu

269

右边
yòubian
명 오른쪽, 우측

左右
zuǒyòu
명 좌와 우, 옆, 가량, 즈음

一 ナ 𠂇 右 右

右　右　右　右　右

右
yòu

270

下雨
xià yǔ
비가 내리다

雨伞
yǔsǎn
명 우산

一 厂 厂 厅 雨 雨 雨 雨

雨　雨　雨　雨　雨

雨
yù

yǔ

271	语言 yǔyán 몡 언어	` 讠 讠 讠 讠 讠 讠 语 语
语 yù **yǔ**	语法 yǔfǎ 몡 어법, 문법	语 语 语 语 语

272	元 yuán 몡 위안[중국 화폐 단위]	一 二 于 元
元 yuán **yuán**	元旦 yuándàn 몡 원단[양력 1월 1일]	元 元 元 元 元

273	远 yuǎn 혱 멀다	一 二 于 元 元 远 远
远 yuǎn **yuǎn**	永远 yǒngyuǎn 혱 영원하다 튄 늘	远 远 远 远 远

274	院长 yuànzhǎng 몡 (병원) 원장, (단과대학) 학장	⼅ ⻏ ⻏ ⻏ ⻏ ⻏ 阷 阷 阷 院
院 **yuàn**	院子 yuànzi 몡 뜰, 정원	院 院 院 院 院

275	月 yuè 몡 월, 달	⼃ 几 月 月
月 **yuè**	月历 yuèlì 몡 (매월 한 장 짜리의) 달력	月 月 月 月 月

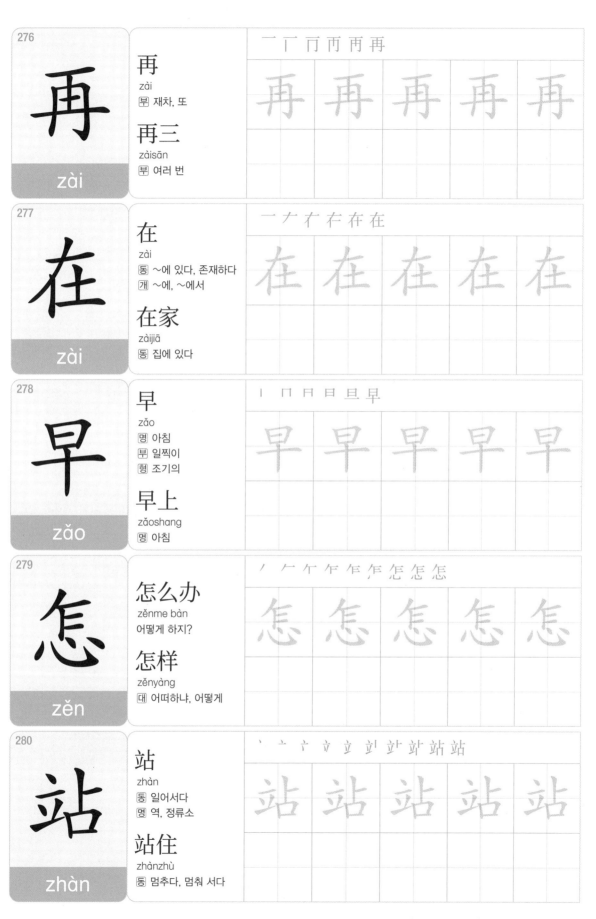

276

再
zài
且 재차, 또

再三
zàisān
且 여러 번

`一 丁 冂 冂 再 再`

再 再 再 再 再

277

在
zài
동 ～에 있다, 존재하다
개 ～에, ～에서

在家
zàijiā
동 집에 있다

`一 ナ 才 才 在 在`

在 在 在 在 在

278

早
zǎo
명 아침
且 일찍이
형 조기의

早上
zǎoshang
명 아침

`丨 冂 闩 日 旦 早`

早 早 早 早 早

279

怎么办
zěnme bàn
어떻게 하지?

怎样
zěnyàng
대 어떠하냐, 어떻게

`丿 广 仁 乍 乍 乍 怎 怎 怎`

怎 怎 怎 怎 怎

280

站
zhàn
동 일어서다
명 역, 정류소

站住
zhànzhù
동 멈추다, 멈춰 서다

`丶 亠 亠 立 立 剖 站 站 站 站`

站 站 站 站 站

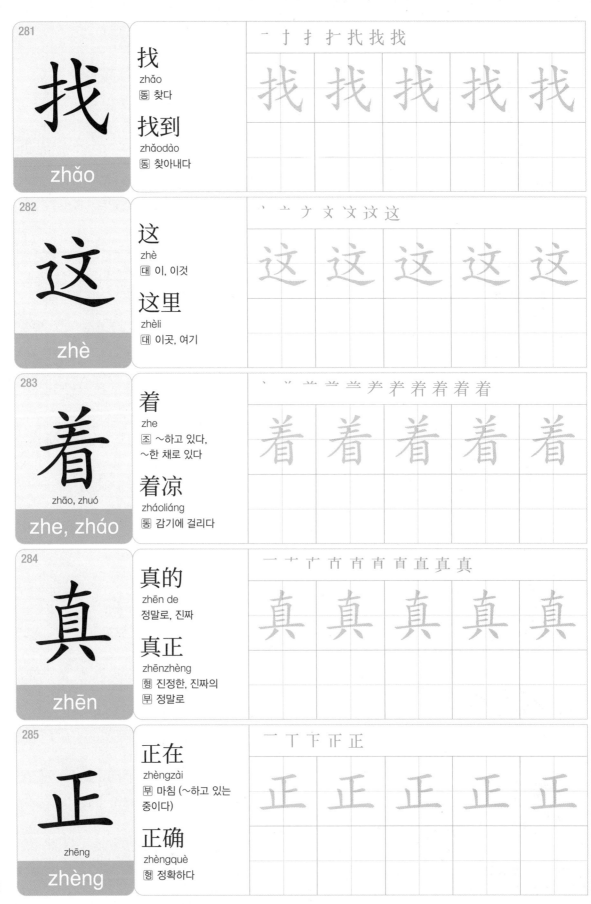

281

找
zhǎo
동 찾다

找到
zhǎodào
동 찾아내다

zhǎo

一 十 扌 扩 找 找 找

282

这
zhè
대 이, 이것

这里
zhèli
대 이곳, 여기

zhè

丶 亠 宀 文 这 这 这

283

着
zhe
조 ~하고 있다,
~한 채로 있다

着凉
zháoliáng
동 감기에 걸리다

zhāo, zhuó

zhe, zháo

丶 ﹀ 并 并 兰 并 羊 着 着 着

284

真的
zhēn de
정말로, 진짜

真正
zhēnzhèng
형 진정한, 진짜의
부 정말로

zhēn

一 亠 广 古 亩 直 直 直 真 真

285

正在
zhèngzài
부 마침 (~하고 있는
중이다)

正确
zhèngquè
형 정확하다

zhēng

zhèng

一 丁 下 正 正

286	知道	ノ 广 乍 乍 矢 知 知 知
知	zhīdào 동 알다, 깨닫다	知 知 知 知 知
	通知书	
zhī	tōngzhīshū 명 통지서	

287	中间	丨 冂 口 中
中	zhōngjiān 명 가운데, 중간	中 中 中 中 中
	中奖	
zhōng, zhòng	zhòngjiǎng 동 (복권 등에) 당첨되다	

288	重	一 二 干 干 苗 青 重 重 重
重	zhòng 명 무게, 중량 형 무겁다	重 重 重 重 重
	重复	
zhòng, chóng	chóngfù 명동 중복(하다), 반복(하다)	

289	住	ノ 亻 亻 仁 仨 住 住
住	zhù 동 살다, 숙박하다	住 住 住 住 住
	住院	
zhù	zhùyuàn 동 입원하다	

290	准确	丶 冫 冫 汀 汀 汇 泮 淮 准
准	zhǔnquè 형 확실하다, 정확하다	准 准 准 准 准
	准时	
zhǔn	zhǔnshí 명 정확한 시간, 정각	

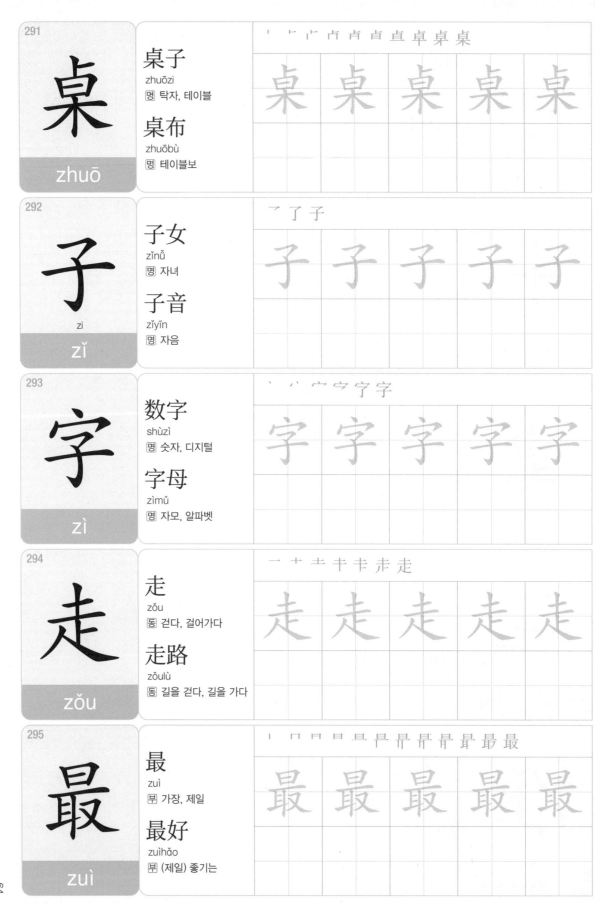

291

桌

zhuō

桌子
zhuōzi
명 탁자, 테이블

桌布
zhuōbù
명 테이블보

丶 𠂆 𠂤 广 卢 卢 卓 卓 桌 桌

桌 桌 桌 桌 桌

292

子

zi

zǐ

子女
zǐnǚ
명 자녀

子音
zǐyīn
명 자음

𠃌 了 子

子 子 子 子 子

293

字

zì

数字
shùzì
명 숫자, 디지털

字母
zìmǔ
명 자모, 알파벳

丶 丶 宀 宁 字 字

字 字 字 字 字

294

走

zǒu

走
zǒu
동 걷다, 걸어가다

走路
zǒulù
동 길을 걷다, 길을 가다

一 十 土 𡉚 �춘 走 走

走 走 走 走 走

295

最

zuì

最
zuì
부 가장, 제일

最好
zuìhǎo
부 (제일) 좋기는

丨 冂 冃 目 昌 昌 昌 𣈙 最 最

最 最 最 最 最

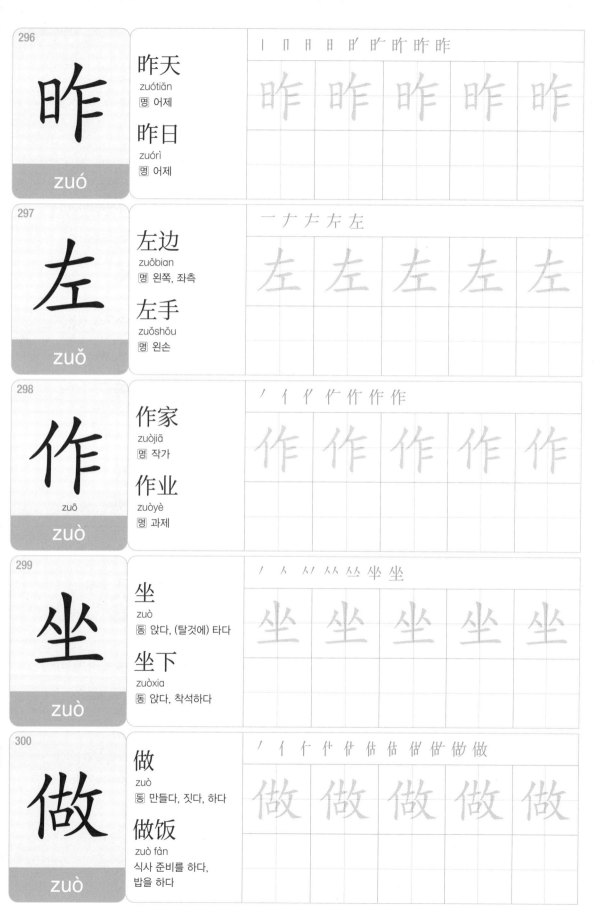

296 昨 zuó

昨天
zuótiān
명 어제

昨日
zuórì
명 어제

丨 冂 日 日 旷 昨 昨 昨 昨

297 左 zuǒ

左边
zuǒbian
명 왼쪽, 좌측

左手
zuǒshǒu
명 왼손

一 ナ ナ 左 左

298 作 zuō

作家
zuòjiā
명 작가

作业
zuòyè
명 과제

丿 亻 亻 亻 仁 作 作 作

299 坐 zuò

坐
zuò
동 앉다, (탈것에) 타다

坐下
zuòxia
동 앉다, 착석하다

丿 人 从 从 丛 坐 坐

300 做 zuò

做
zuò
동 만들다, 짓다, 하다

做饭
zuò fàn
식사 준비를 하다,
밥을 하다

丿 亻 亻 什 什 估 估 做 做 做 做

간체자 제대로 알기

간체자가 만들어지는 원리

1 글자 일부만 남긴다.

飛 ➡ 飞 fēi

예 声(聲) | 习(習)

2 전체 윤곽이나 특징적인 부분만 남긴다.

傘 ➡ 伞 sǎn

예 气(氣) | 马(馬)

3 글자 일부를 간단히 부호화한다.

單 ➡ 单 dān

예 奖(獎) | 门(門)

4 획수가 적은 고체자(古体字)를 사용한다.

無 ➡ 无 wú

예 万(萬) | 礼(禮)

5 초서체를 해서화한다.

長 ➡ 长 cháng

예 车(車) | 兴(興)

6 부분 편방을 줄이거나 생략한다.

標 ➡ 标 biāo 생략

예 竞(競) | 亏(虧)

7 글자의 복잡한 부분을 간단한 부호로 바꾼다.

歡 ➡ 欢 huān

예 鸡(鷄) | 汉(漢)

8 간단한 필획으로 새로운 형성자를 만든다.

驚 ➡ 惊 jīng 음 부분 / 놀라는 마음

예 础(礎) | 铜(銅)

9 발음이 같은 글자로 복잡한 글자를 대신한다.

臺 ➡ 台 tái

예 几(幾) | 后(後)

10 간단한 필획으로 새로운 회의자를 만든다.

衆 ➡ 众 zhòng

예 宝(寶) | 尘(塵)

11 발음이 비슷한 부수나 글자로 복잡한 부분을 대신한다.

遠 ➡ 远 yuǎn

예 亿(億) | 邮(郵)

익혀 두어야 할 간체 형태

간체 형태	정자	한어병음	예		
讠	言	yán	说	语	译
门	門	mén	们	闻	问
饣	食	shí	饭	饮	饺
马	馬	mǎ	吗	妈	码
韦	韋	wéi	韩	伟	玮
车	車	chē	连	轻	转
贝	貝	bèi	败	贵	员
见	見	jiàn	现	观	视
钅	金	jīn	银	铜	钱
鸟	鳥	niǎo	鸡	鹤	鸭
龙	龍	lóng	笼	垄	聋

간체자 쓰기 순서

쓰기 순서	예	
가로획과 세로획이 겹칠 때는 가로획을 먼저 쓴다.	十	古
위에서 아래로 쓴다.	三	多
왼쪽에서 오른쪽으로 쓴다.	吧	妈
삐침을 먼저 쓰고, 파임을 쓴다.	人	九
바깥 획을 먼저 쓰고, 안의 획을 쓴다.	月	日
둘러싼 모양의 글자는 바깥 획부터 먼저 쓴다.	问	间
좌우 대칭의 글자는 가운데를 먼저 쓴다.	小	光
받침이나 점은 나중에 쓰고 찍는다.	进	还
글자 전체를 꿰뚫는 획은 가장 나중에 쓴다.	中	母

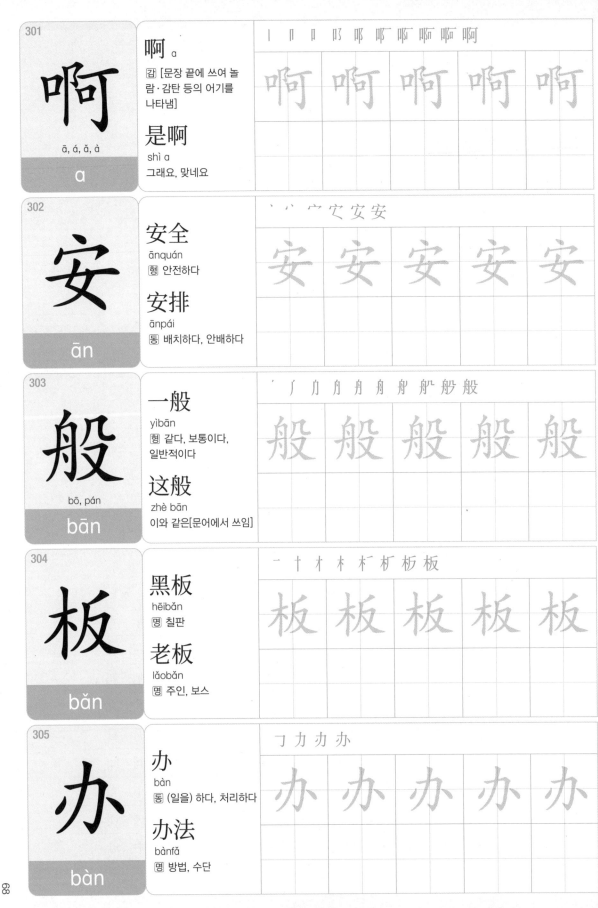

301 啊 a

啊 a

[감] [문장 끝에 쓰여 놀람·감탄 등의 어기를 나타냄]

是啊
shì a
그래요, 맞네요

ā, á, ǎ, à

丨 丨 丬 丩 畍 呵 阿 阿 阿 啊

啊 啊 啊 啊 啊

302 安 ān

安全
ānquán
[형] 안전하다

安排
ānpái
[동] 배치하다, 안배하다

丶 丷 宀 宁 安 安

安 安 安 安 安

303 般 bān

一般
yìbān
[형] 같다, 보통이다, 일반적이다

这般
zhè bān
이와 같은[문어에서 쓰임]

bō, pán

丿 丆 刀 月 角 角 舟 舟 舠 般 般

般 般 般 般 般

304 板 bǎn

黑板
hēibǎn
[명] 칠판

老板
lǎobǎn
[명] 주인, 보스

一 十 才 木 朽 朽 板 板

板 板 板 板 板

305 办 bàn

办
bàn
[동] (일을) 하다, 처리하다

办法
bànfǎ
[명] 방법, 수단

丁 力 力 办

办 办 办 办 办

306	饱 bǎo 형 배부르다 吃饱 chībǎo 동 배불리 먹다	ノ ⺈ ⻊ ⻌ 饣 饣 饣 饣 饱 饱 饱 饱 饱 饱
饱 **bǎo**		

307	报名 bàomíng 동 신청하다, 등록하다 报纸 bàozhǐ 명 신문, 신문지	一 十 扌 护 护 报 报 报 报 报 报 报
报 **bào**		

308	背 bèi 명 등, 뒤 동 등지다 背后 bèihòu 명 배후, 뒷면	丿 ⺊ ⺈ 北 背 背 背 背 背 背 背 背 背 背
背 **bèi**		

309	笔记本 bǐjìběn 명 노트, 수첩, 노트북 铅笔 qiānbǐ 명 연필	丿 ⺮ 竹 笔 笔 笔 笔 笔 笔 笔 笔 笔 笔 笔 笔
笔 **bǐ**		

310	必要 bìyào 형 필요로 하다 何必 hébì 부 하필 ~할 필요가 있는가	丶 心 心 必 必 必 必 必 必 必
必 **bì**		

311	变成 biànchéng 동 변하여 ~이 되다 变为 biànwéi 동 ~으로 변하다	、 ㄱ ㄲ ㄲ 亦 亦 变 变
变 **biàn**		变　变　变　变　变

312	便利店 biànlìdiàn 명 편의점 便宜 piányi 형 (값이) 싸다	ノ 亻 亻 仌 仴 佰 佰 便 便
便 **biàn, pián**		便　便　便　便　便

313	遍 biàn 동 널리 퍼져 있다 양 번, 회 普遍 pǔbiàn 형 보편적이다	、 ㄱ 戸 戸 戸 肖 肖 扁 扁 谝 遍
遍 **biàn**		遍　遍　遍　遍　遍

314	表示 biǎoshì 동 나타내다, 표시하다 表现 biǎoxiàn 동 표현하다	一 三 丰 圭 夷 表 表 表
表 **biǎo**		表　表　表　表　表

315	部分 bùfen 명 부분, 일부 部门 bùmén 명 부문, 부	、 亠 亠 立 立 咅 音 音 部 部
部 **bù**		部　部　部　部　部

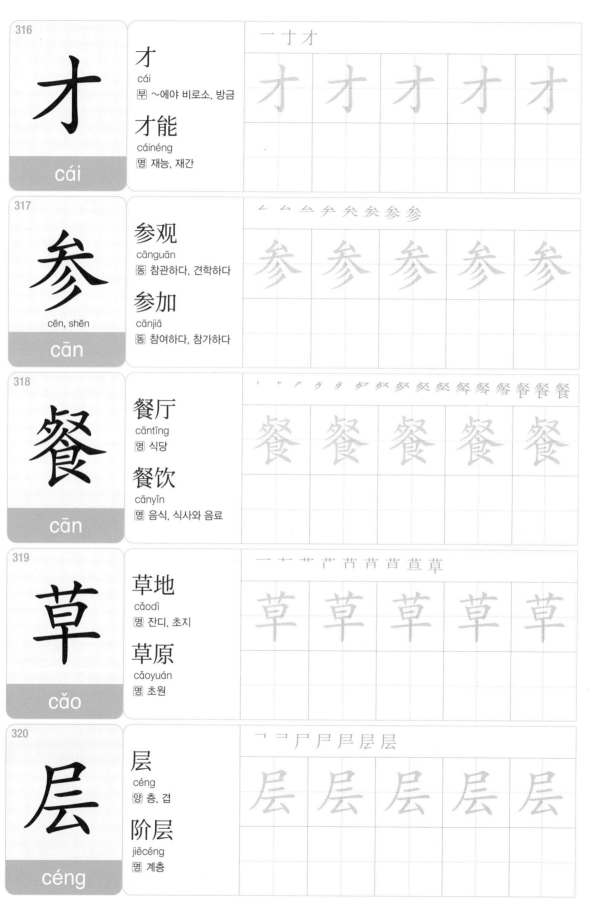

316

才
cái
뭐 ~에야 비로소, 방금

才能
cáinéng
명 재능, 재간

cái

一 十 才

才　才　才　才　才

317

参观
cānguān
통 참관하다, 견학하다

参加
cānjiā
통 참여하다, 참가하다

cēn, shēn

cān

ㄑ ㄥ ㄣ ㄕ ㄱ ㄥ 参 参

参　参　参　参　参

318

餐厅
cāntīng
명 식당

餐饮
cānyǐn
명 음식, 식사와 음료

cān

丨 ㅏ ㅏ ㅏ 夕 歺 歺 飱 飱 飱 餐 餐 餐 餐

餐　餐　餐　餐　餐

319

草地
cǎodì
명 잔디, 초지

草原
cǎoyuán
명 초원

cǎo

一 十 艹 艹 节 节 苩 苩 草

草　草　草　草　草

320

层
céng
양 층, 겹

阶层
jiēcéng
명 계층

céng

一 ㄱ 尸 尸 尸 层 层

层　层　层　层　层

321

查
chá

查
zhā

检查
jiǎnchá
동 검사하다, 점검하다

查
chá
동 검사하다, 조사하다

一 十 才 木 木 杏 杏 查 查

查　查　查　查　查

322

长
cháng, zhǎng

长
cháng
형 길다

成长
chéngzhǎng
동 성장하다

´ ㅜ 长 长

长　长　长　长　长

323

超
chāo

超过
chāoguò
동 추월하다, 초과하다

超市
chāoshì
명 슈퍼마켓

一 十 土 丰 丰 走 起 起 起 超 超

超　超　超　超　超

324

晨
chén

早晨
zǎochen
명 이른 아침, 새벽

凌晨
língchén
명 이른 새벽, 동틀 무렵

丨 冂 冃 目 目 尸 戸 唇 晨 晨

晨　晨　晨　晨　晨

325

称
chèn, chèng

chēng

名称
míngchēng
명 명칭

称赞
chēngzàn
동 칭찬하다

一 二 千 千 禾 禾 称 称 称 称

称　称　称　称　称

72

326	成 **chéng**	成为 chéngwéi ⑧ ~으로 되다 成功 chénggōng ⑧ 성공하다 ⑲ 성공적이다	一 厂 厂 成 成 成 成 成 成 成 成
327	楚 **chǔ**	清楚 qīngchu ⑲ 분명하다, 명백하다 楚国 Chǔguó ⑲ 초나라	一 十 才 木 木 村 林 林 楚 楚 楚 楚 楚 楚 楚 楚 楚 楚
328	处 **chù, chǔ**	到处 dàochù ⑲ 도처, 곳곳 处理 chǔlǐ ⑧ 처리하다, 해결하다	ノ 夕 夂 处 处 处 处 处 处 处
329	船 **chuán**	船 chuán ⑲ 배, 선박 船长 chuánzhǎng ⑲ 선장	′ 丿 凢 凢 角 角 角 舟 船 船 船 船 船 船 船 船
330	吹 **chuī**	吹 chuī ⑧ (바람이) 불다 吹风机 chuīfēngjī ⑲ 헤어드라이어	丨 口 口 吖 吹 吹 吹 吹 吹 吹 吹 吹

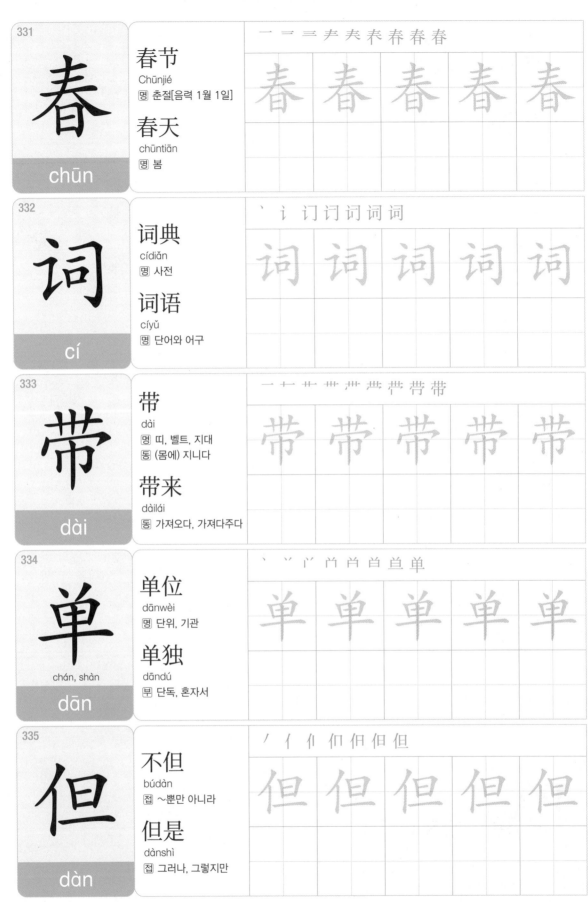

331 春 chūn	春节 Chūnjié 명 춘절[음력 1월 1일] 春天 chūntiān 명 봄	一 二 三 声 夫 表 春 春 春
332 词 cí	词典 cídiǎn 명 사전 词语 cíyǔ 명 단어와 어구	丶 讠 订 讦 讵 词 词
333 带 dài	带 dài 명 띠, 벨트, 지대 동 (몸에) 지니다 带来 dàilái 동 가져오다, 가져다주다	一 卅 丗 芦 芦 带 带 带
334 单 chán, shàn dān	单位 dānwèi 명 단위, 기관 单独 dāndú 부 단독, 혼자서	丶 丷 严 严 肖 甶 单 单
335 但 dàn	不但 búdàn 접 ～뿐만 아니라 但是 dànshì 접 그러나, 그렇지만	丿 亻 亻 们 但 但 但

336

当
dāng
동 ~을 맡다, 담당하다

当时
dāngshí
명 당시, 그때
dàngshí
부 즉각, 그 즉시

dāng, dàng

丨 丷 屴 当 当 当

337

倒闭
dǎobì
동 (기업체가) 도산하다

倒
dào
동 거꾸로 되다, 뒤집히다

dǎo, dào

丿 亻 亻 佢 佢 侄 侄 侄 倒 倒

338

灯
dēng
명 등, 등불

红绿灯
hónglǜdēng
명 신호등

dēng

丶 丷 丬 火 灯 灯

339

低
dī
형 (높이나 소리가) 낮다

降低
jiàngdī
동 낮추다, 내리다

dī

丿 亻 亻 仟 任 低 低

340

典型
diǎnxíng
명 형 전형(적이다)

古典
gǔdiǎn
명 고전, 클래식

diǎn

丨 冂 冃 曲 曲 曲 典 典

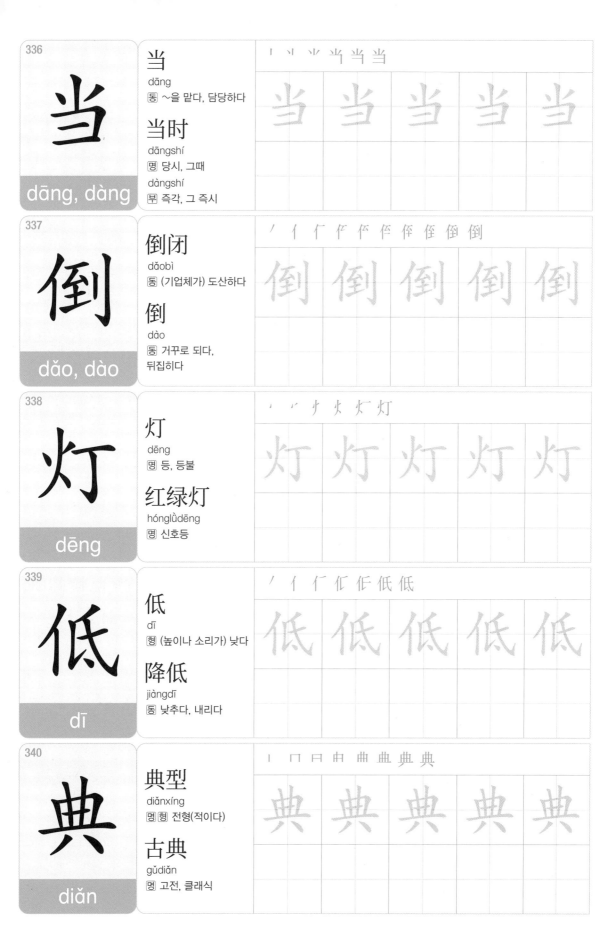

341 掉 diào	掉 diào 통 떨어지다, 떨어뜨리다 扔掉 rēngdiào 통 던져 버리다, 내버리다	一 十 扌 扩 扩 扩 护 拍 掉 掉 掉 掉 掉 掉 掉 掉
342 定 dìng	一定 yídìng 형 일정하다, 규칙적이다 부 반드시, 꼭 肯定 kěndìng 통 긍정하다 부 확실히, 꼭	丶 丷 宀 宀 宀 宀 定 定 定 定 定 定 定
343 冬 dōng	冬天 dōngtiān 명 겨울 冬季 dōngjì 명 동계	丿 夂 冬 冬 冬 冬 冬 冬 冬 冬
344 懂 dǒng	懂得 dǒngde 통 알다, 이해하다 懂事 dǒngshì 형 세상 물정을 알다, 철이 들다	丶 丶 忄 忄 忄 忄 忄 忄 忄 忄 忄 懂 懂 懂 懂 懂 懂 懂
345 度 duó	度 dù 명양 (온도·경도 등의) 도 态度 tàidù 명 태도, 기색	丶 亠 广 广 广 庐 庐 庐 度 度 度 度 度 度 度

346

短
duǎn
혱 짧다

短信
duǎnxìn
몡 문자메시지

丿 ㄴ ㅗ 午 矢 矢 矢 知 短 短 短 短

短　短　短　短　短

347

段
duàn
양 토막[사물이나 시간 등의 한 부분에 쓰임]

手段
shǒuduàn
몡 수단, 방법

丆 厂 厂 F 即 即 毆 段 段

段　段　段　段　段

348

队
duì
몡 팀, 열, 무리

队长
duìzhǎng
몡 주장, 팀의 리더

了 阝 队 队

队　队　队　队　队

349

而且
érqiě
접 또한, ~뿐만 아니라

反而
fǎn'ér
뮈 오히려, 역으로

一 丆 广 丙 而 而

而　而　而　而　而

350

发现
fāxiàn
동 발견하다

理发
lǐfà
동 이발하다, 머리를 깎다

一 乆 岁 发 发

发　发　发　发　发

351 法 fǎ	法官 fǎguān 圐 법관 法院 fǎyuàn 圐 법원	` ` 氵 汀 汁 法 法 法
		法　法　法　法　法

352 份 fèn	份 fèn 圝 벌, 세트, 부 身份 shēnfèn 圐 신분	ノ イ イ 仏 份 份
		份　份　份　份　份

353 封 fēng	封 fēng 圐 봉투 圝 통[편지를 셀 때 쓰임] 信封 xìnfēng 圐 편지봉투	一 十 土 圭 丰 圭 丰 封 封
		封　封　封　封　封

354 复 fù	复习 fùxí 圄 복습하다 反复 fǎnfù 圄 반복하다	ノ ー ー 午 午 旬 复 复 复
		复　复　复　复　复

355 该 gāi	该 gāi 圄 ～해야 한다, ～의 차례다 应该 yīnggāi 圄 마땅히 ～해야 한다	` ì ì ì ì 该 该 该 该
		该　该　该　该　该

356	改 gǎi 동 변하다, 바꾸다, 고치다 改变 gǎibiàn 동 변하다, 바뀌다, 달라지다	¬ ¬ ¬ ¬ ¬ ¬ 改 改 改 改 改
改 gǎi		
357	感动 gǎndòng 동 감동하다 感觉 gǎnjué 명 감각, 느낌 동 느끼다	一 厂 厂 斤 斤 后 咸 咸 咸 咸 感 感 感 感 感 感 感 感
感 gǎn		
358	刚才 gāngcái 명 지금 막, 방금 刚刚 gānggāng 부 방금, 마침	丨 冂 冈 冈 刚 刚 刚 刚 刚 刚 刚
刚 gāng		
359	更 gèng 부 더욱 更加 gèngjiā 부 더욱 더, 한층	一 厂 厂 百 百 更 更 更 更 更 更 更
更 gèng		
360	公交车 gōngjiāochē 명 (대중교통) 버스 公司 gōngsī 명 회사	丿 八 公 公 公 公 公 公 公
公 gōng		

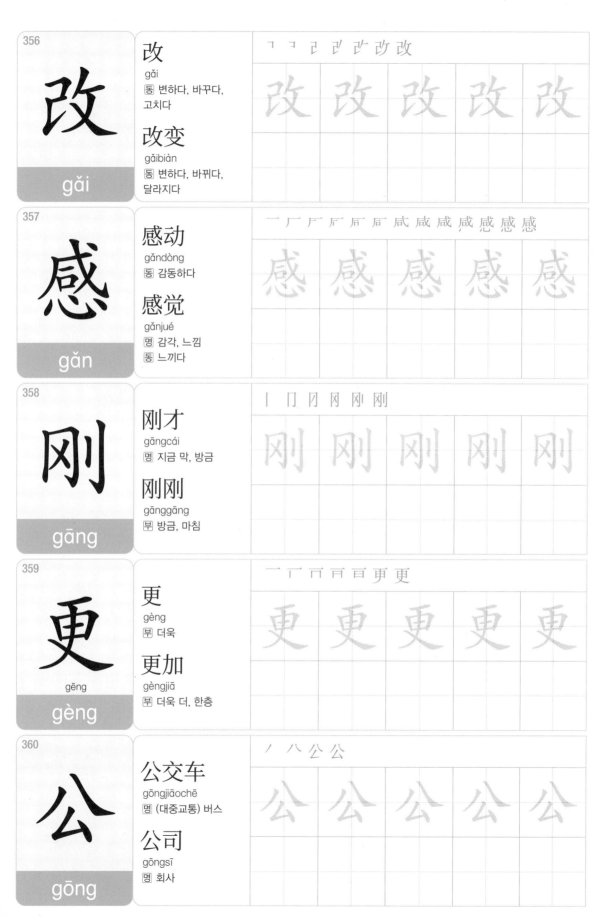

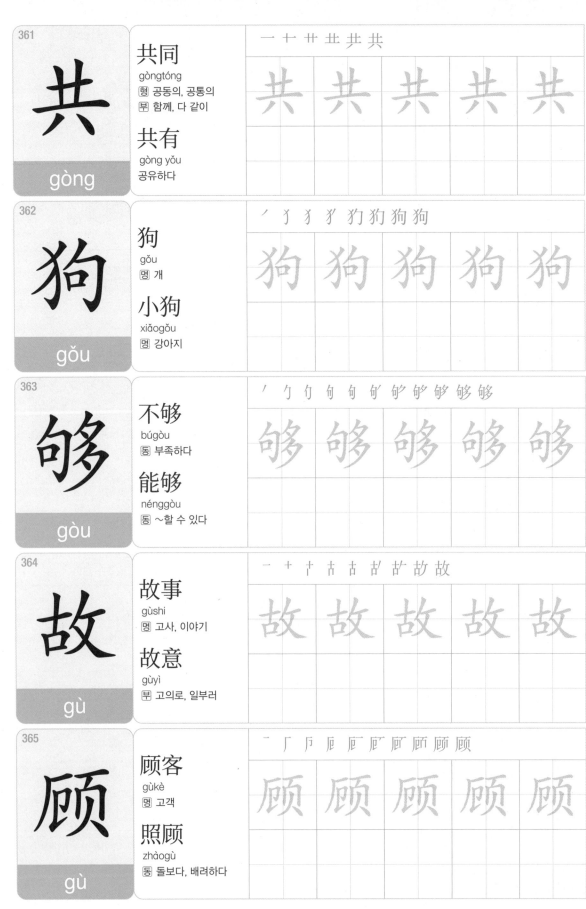

361	共 gòng	共同 gòngtóng 혱 공동의, 공통의 뮈 함께, 다 같이 共有 gòng yǒu 공유하다	一 十 艹 艹 共 共
362	狗 gǒu	狗 gǒu 몡 개 小狗 xiǎogǒu 몡 강아지	′ ′ ′ ′ 犭 狗 狗 狗 狗
363	够 gòu	不够 búgòu 동 부족하다 能够 nénggòu 동 ~할 수 있다	′ ′ ′ ′ ′ ′ 句 句 句 够 够 够
364	故 gù	故事 gùshi 몡 고사, 이야기 故意 gùyì 뮈 고의로, 일부러	一 十 十 古 古 古 古 故 故
365	顾 gù	顾客 gùkè 몡 고객 照顾 zhàogù 동 돌보다, 배려하다	一 厂 厂 厄 厄 厄 厄 顾 顾 顾

366			
观 guàn **guān**	观点 guāndiǎn 명 관점, 입장 观众 guānzhòng 명 관중	フ 又 䑛 䑛 䑛 观 观观观观观	

367			
惯 guàn **guàn**	习惯 xíguàn 명동 습관(이 되다) 惯性 guànxìng 명 관성	ꞏ ꞏ 忄 忄 忄 忄 忄 惯 惯 惯 惯惯惯惯惯	

368			
广 ān **guǎng**	广场 guǎngchǎng 명 광장 广播 guǎngbō 동 방송하다	ꞏ 广 广 广广广广广	

369			
海 hǎi **hǎi**	海边 hǎibiān 명 해변, 바닷가 海关 hǎiguān 명 세관	ꞏ ꞏ ꞏ 氵 氵 汇 海 海 海 海 海海海海海	

370			
喊 hǎn **hǎn**	喊 hǎn 동 외치다, 부르다 喊叫 hǎnjiào 동 큰 소리로 외치다	丨 冂 口 叮 叮 叮 听 听 喊 喊 喊 喊喊喊喊喊	

371	合 *gě* **hé**	合格 hégé 형 표준에 부합하다 合作 hézuò 동 합작하다, 협력하다	ノ 人 人 今 合 合 合 合　合　合　合　合
372	河 **hé**	河 hé 명 강, 하천 河马 hémǎ 명 하마	丶 丶 氵 氵 汇 汇 汇 河 河 河　河　河　河　河
373	黑 **hēi**	黑 hēi 형 검다, 어둡다 黑色 hēisè 명 검은색	丨 冂 冂 冃 回 里 里 里 黑 黑 黑 黑　黑　黑　黑　黑
374	红 *gōng* **hóng**	红 hóng 형 붉다, 빨갛다 红色 hóngsè 명 빨간색	乚 纟 纟 纟 红 红 红 红　红　红　红　红
375	忽 **hū**	忽然 hūrán 부 갑자기, 별안간 忽视 hūshì 동 소홀히 하다, 부주의하다	ノ 勹 勹 勿 勿 忽 忽 忽 忽　忽　忽　忽　忽

376	湖 hú 명 호수	` ` ` 氵 汁 汁 沽 沽 湖 湖 湖 湖
湖		湖 湖 湖 湖 湖
hú	江湖 jiānghú 명 강과 호수, 세상	

377	护照 hùzhào 명 여권	一 扌 扌 扩 护 护 护
护		护 护 护 护 护
hù	护士 hùshi 명 간호사	

378	计划 jìhuà 명동 계획(하다)	一 弋 戈 戈 划 划
划		划 划 划 划 划
huà, huá	划船 huá chuán (노 따위로) 배를 젓다	

379	画 huà 명동 그림(을 그리다)	一 丆 丆 百 帀 田 画 画
画		画 画 画 画 画
huà	画家 huàjiā 명 화가	

380	换 huàn 동 바꾸다, 교환하다	一 扌 扌 扩 护 护 护 挣 换 换
换		换 换 换 换 换
huàn	换成 huànchéng 동 ～으로 바꾸다	

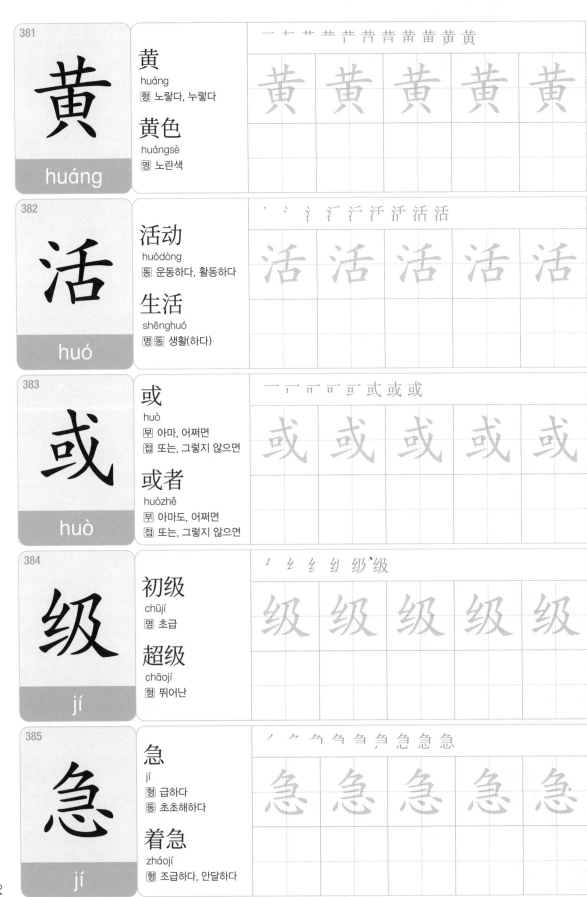

381	黄 huáng 형 노랗다, 누렇다 黄色 huángsè 명 노란색	一 十 卄 卄 世 昔 昔 苗 苗 黄 黄 黄　黄　黄　黄　黄
huáng		
382	活动 huódòng 동 운동하다, 활동하다 生活 shēnghuó 명동 생활(하다)	丶 丶 氵 氵 汙 汙 汗 活 活 活　活　活　活　活
huó		
383	或 huò 부 아마, 어쩌면 접 또는, 그렇지 않으면 或者 huòzhě 부 아마도, 어쩌면 접 또는, 그렇지 않으면	一 厂 厂 戸 戸 或 或 或 或　或　或　或　或
huò		
384	初级 chūjí 명 초급 超级 chāojí 형 뛰어난	ㄥ ㄠ ㄠ 纟 级 级 级 级　级　级　级　级
jí		
385	急 jí 형 급하다 동 초초해하다 着急 zháojí 형 조급하다, 안달하다	丿 ㄣ ㄅ 乌 乌 刍 急 急 急 急　急　急　急　急
jí		

386	自己 zìjǐ 때 자기, 자신 知己知彼 zhījǐ-zhībǐ 성 지피지기	ㄱ ㄹ 己 己 己 己 己 己
己 jǐ		

387	计算机 jìsuànjī 명 계산기, 컴퓨터 估计 gūjì 동 예측하다, 추정하다	ㆍ ㅂ ㅂ 计 计 计 计 计 计
计 jì		

388	国际 guójì 명 국제 实际上 shíjìshàng 부 사실상, 실제로	ㄱ ㄹ ㄹ 阝 阝 阝 际 际 际 际 际 际 际
际 jì		

389	成绩 chéngjì 명 성적 绩优股 jìyōugǔ 명 (증권시장에서) 우량주	ㄥ ㄥ ㄥ ㅕ ㅕ ㅕ 绩 绩 绩 绩 绩 绩 绩 绩 绩 绩
绩 jì		

390	加 jiā 동 더하다, 늘다 加油 jiāyóu 동 기름을 넣다, 힘을 내다	ㄱ 力 加 加 加 加 加 加 加 加
加 jiā		

391

检 jiǎn

检测
jiǎncè
图 검사하다, 측정하다

检验
jiǎnyàn
图 검사하다, 검증하다

一 十 才 木 杧 松 柃 柃 检 检 检

检 检 检 检 检

392

件 jiàn

件
jiàn
양 건, 개[일·사건 등을 셀 때 쓰임]

软件
ruǎnjiàn
명 소프트웨어

丿 亻 亻 仁 件 件

件 件 件 件 件

393

健 jiàn

健身
jiànshēn
图 몸을 건강하게 하다

健身房
jiànshēnfáng
명 체육관, 헬스클럽

丿 亻 亻 仁 仨 侓 侓 健 健

健 健 健 健 健

394

讲 jiǎng

讲
jiǎng
图 말하다, 강의하다

讲话
jiǎnghuà
图 이야기하다
명 말, 담화

丶 讠 讠 讣 讲 讲

讲 讲 讲 讲 讲

395

交 jiāo

交给
jiāogěi
图 건네다, 맡기다

交朋友
jiāo péngyou
친구를 사귀다

丶 亠 广 六 亦 交

交 交 交 交 交

396	角 jiǎo 명 뿔 양 자오, 元의 10분의 1 [중국 화폐 보조 단위] 角色 juésè 명 (극 중의) 배역, 역	ノ ク 夕 冇 角 角 角
角 **jiǎo, jué**		角　角　角　角　角

397	饺子 jiǎozi 명 교자 水饺 shuǐjiǎo 명 물만두	ノ ク 夕 饣 饣 饣 饣 饺 饺
饺 **jiǎo**		饺　饺　饺　饺　饺

398	脚 jiǎo 명 발 脚步 jiǎobù 명 걸음, 걸음걸이, 보폭	丿 月 月 月 肝 肝 肝 肤 胠 脚 脚
脚 **jiǎo**		脚　脚　脚　脚　脚

399	接 jiē 동 잇다, 연결하다 接受 jiēshòu 동 받아들이다, 접수하다	一 十 扌 扩 扩 护 护 按 接 接
接 **jiē**		接　接　接　接　接

400	街 jiē 명 길, 거리 逛街 guàng jiē 거리를 구경하며 돌아다니다	ノ ク 彳 彳 彳 街 街 街 街 街 街
街 **jiē**		街　街　街　街　街

401 节 jiē / **jié**	节目 jiémù 명 프로그램, 종목 节日 jiérì 명 경축일, 명절	一 艹 艹 艻 节 节 节　节　节　节　节
402 结 jiē / **jié**	结果 jiéguǒ 명 결과, 결실 结婚 jiéhūn 동 결혼하다	′ ∠ ∠ ∠ ∠ ∠ 结 结 结 结 结　结　结　结　结
403 借 **jiè**	借 jiè 동 빌다, 빌리다, 꾸다 借口 jièkǒu 명동 핑계(를 삼다)	′ 亻 亻 什 供 借 借 借 借 借 借　借　借　借　借
404 斤 **jīn**	斤 jīn 양 근[약 500g] 公斤 gōngjīn 양 킬로그램[kg]	一 厂 斤 斤 斤　斤　斤　斤　斤
405 近 **jìn**	近 jìn 형 가깝다 近期 jìnqī 명 단기, 가까운 미래	一 厂 斤 斤 沂 近 近 近　近　近　近　近

406		
经 jìng **jīng**	经常 jīngcháng 〔부〕늘, 항상 经过 jīngguò 〔동〕경과하다, 거치다 〔명〕과정, 경력	⼂ ⼂ ⼂ 丝 经 经 绉 经 经 经 经 经 经

407		
睛 **jīng**	眼睛 yǎnjing 〔명〕눈[눈의 총칭] 画龙点睛 huàlóng-diǎnjīng 〔성〕화룡점정	丨 丨 丨 丨 丨 丨 丨 丿 睛 睛 睛 睛 睛 睛 睛 睛 睛 睛 睛

408		
静 **jìng**	安静 ānjìng 〔형〕조용하다 平静 píngjìng 〔형〕평온하다	一 二 丰 丰 丰 青 青 青 青 青 静 静 静 静 静 静 静 静 静

409		
久 **jiǔ**	好久 hǎojiǔ 〔형〕(날·세월 등이) 매우 오래다 久 jiǔ 〔형〕(시간이) 오래다	丿 ク 久 久 久 久 久 久

410		
酒 **jiǔ**	酒 jiǔ 〔명〕술 酒店 jiǔdiàn 〔명〕술집, 호텔	丶 丶 氵 氵 汀 汀 沔 沔 洒 酒 酒 酒 酒 酒 酒 酒

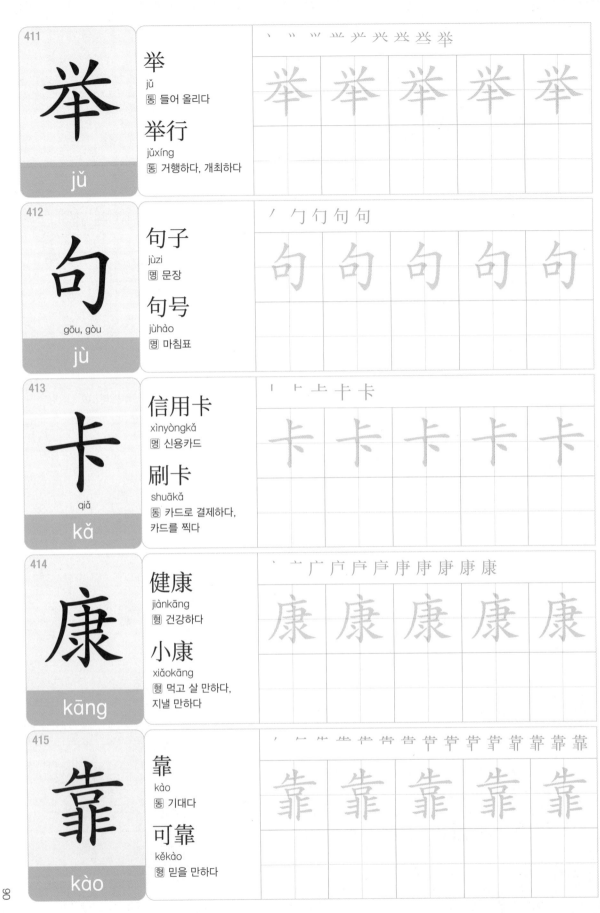

411 举

举
jǔ
[동] 들어 올리다

举行
jǔxíng
[동] 거행하다, 개최하다

jǔ

丶 丶 丷 丷 𬀩 兴 兴 兴 举

举 举 举 举 举

412 句

gōu, gòu

句子
jùzi
[명] 문장

句号
jùhào
[명] 마침표

jù

丿 勹 勹 句 句

句 句 句 句 句

413 卡

qiǎ

信用卡
xìnyòngkǎ
[명] 신용카드

刷卡
shuākǎ
[동] 카드로 결제하다,
카드를 찍다

kǎ

丨 ⺊ 上 卡 卡

卡 卡 卡 卡 卡

414 康

kāng

健康
jiànkāng
[형] 건강하다

小康
xiǎokāng
[형] 먹고 살 만하다,
지낼 만하다

kāng

丶 丶 广 户 户 户 庐 庚 庚 康 康

康 康 康 康 康

415 靠

靠
kào
[동] 기대다

可靠
kěkào
[형] 믿을 만하다

kào

丿 𠂉 告 告 告 告 告 靠 靠 靠 靠 靠 靠 靠

靠 靠 靠 靠 靠

416 科 **kē**

科学
kēxué
몡 과학

本科生
běnkēshēng
몡 학부생, 대학생

一 二 千 禾 禾 禾 禾 科 科

科 科 科 科 科

417 可 **kě**

可爱
kě'ài
혱 귀엽다, 사랑스럽다

可以
kěyǐ
통 ~할 수 있다,
~해도 좋다

一 丁 丏 可 可

可 可 可 可 可

418 克 **kè**

克
kè
양 그램[g]

星巴克
Xīngbākè
몡 스타벅스[기업명]

一 十 古 古 古 声 克

克 克 克 克 克

419 刻 **kè**

刻
kè
양 15분

立刻
lìkè
뷘 즉시

丶 亠 亠 亥 亥 亥 刻 刻

刻 刻 刻 刻 刻

420 空 **kōng, kòng**

空气
kōngqì
몡 공기

有空儿
yǒu kòngr
시간이 있다,
틈이 있다, 겨를이 있다

丶 丷 宀 宀 宀 空 空 空

空 空 空 空 空

421	哭 kū 동 울다	ㅣ ㅁ ㅁ ㅁ ㅁ ㅁ ㅁ ㅁ ㅁ 哭 哭

哭
kū

哭
kū
동 울다

哭诉
kūsù
동 울며불며 하소연하다

哭 哭 哭 哭 哭

422

筷
kuài

筷子
kuàizi
명 젓가락

碗筷
wǎnkuài
명 공기와 젓가락

ノ ト ト ケ ケ ケ ケ 竹 竹 竹 筷 筷

筷 筷 筷 筷 筷

423

拉
lá, lǎ, là

拉
lā
동 당기다, 끌다

沙拉
shālā
명 샐러드

一 十 扌 扩 扩 扩 拉 拉

拉 拉 拉 拉 拉

424

蓝
lán

蓝色
lánsè
명 파란색

蓝牙
lányá
명 블루투스

一 艹 苎 苎 苎 苎 莁 茈 茈 茈 蓝 蓝

蓝 蓝 蓝 蓝 蓝

425

篮
lán

篮球
lánqiú
명 농구, 농구공

篮子
lánzi
명 바구니

ノ ト ト ケ ケ ケ ケ 竹 竹 竹 笹 笿 篮 篮

篮 篮 篮 篮 篮

426	快乐	
乐	kuàilè	
lào	형 유쾌하다, 즐겁다	
lè, yuè	音乐	
	yīnyuè	
	명 음악	

427	离	
离	lí	
	개 ~에서, ~으로부터	
lí	离开	
	líkāi	
	동 떠나다, 헤어지다	

428	礼物	
礼	lǐwù	
	명 선물	
lǐ	礼拜天	
	lǐbàitiān	
	명 일요일	

429	理想	
理	lǐxiǎng	
	명 형 이상(적이다)	
lǐ	理解	
	lǐjiě	
	동 이해하다	

430	力量	
力	lìliang	
	명 힘, 역량	
lì	力气	
	lìqi	
	명 힘, 체력	

431		
利	利用 lìyòng 동 이용하다, 활용하다 利息 lìxī 명 이자	一 二 千 禾 禾 利 利 利　利　利　利　利
lì		

432		
例	例如 lìrú 동 예를 들면 ～이다 例子 lìzi 명 예, 보기	ノ イ イ 仃 仍 仍 例 例 例　例　例　例　例
lì		

433		
脸	脸 liǎn 명 얼굴 脸色 liǎnsè 명 안색, 얼굴빛	ﾉ 刀 月 月 肝 肜 脸 脸 脸 脸 脸　脸　脸　脸　脸
liǎn		

434		
练	训练 xùnliàn 동 훈련하다 熟练 shúliàn 형 숙련되어 있다	ㄥ ㄠ ㄠ 纟 纩 练 练 练 练　练　练　练　练
liàn		

435		
凉	凉快 liángkuai 형 시원하다, 선선하다 동 시원하게 하다 凉水 liángshuǐ 명 냉수, 끓이지 않은 물, 찬물	丶 冫 冫 广 冴 泞 泞 泞 凉 凉 凉　凉　凉　凉　凉
liáng		

436	亮 liàng 형 밝다, 환하다 月亮 yuèliàng 명 달	亮	亮 亮 亮 亮 亮
亮 liàng			
437	车辆 chēliàng 명 차량 辆 liàng 양 대[차량을 셀 때 쓰임]	辆	辆 辆 辆 辆 辆
辆 liàng			
438	尽量 jǐnliàng 부 가능한 한, 최대한 测量 cèliáng 동 측량하다	量	量 量 量 量 量
量 liàng, liáng			
439	留下 liúxia 동 남겨 두다, 말해 두다 留学生 liúxuéshēng 명 유학생	留	留 留 留 留 留
留 liú			
440	流利 liúlì 형 (말이) 유창하다 流行 liúxíng 동 유행하다	流	流 流 流 流 流
流 liú			

441

旅

lǚ

旅客
lǚkè
명 여행객

旅游
lǚyóu
동 여행하다, 관광하다

丶 亠 方 方 方 方 旅 旅 旅 旅

442

绿

lù

lǜ

绿色
lǜsè
명 초록색

绿茶
lǜchá
명 녹차

乚 乡 纟 纟 纟 纟 绿 绿 绿 绿 绿

443

论

lún

lùn

论文
lùnwén
명 논문

无论
wúlùn
접 ~에도 불구하고

丶 讠 讠 论 论 论

444

卖

mài

卖
mài
동 팔다

卖点
màidiǎn
명 셀링 포인트

一 十 卖 卖 卖 卖 卖 卖

445

满

mǎn

满意
mǎnyì
동 만족하다

满足
mǎnzú
동 만족하다

丶 丶 氵 氵 汁 汁 汁 洴 浐 浐 满 满 满

446	猫 māo 명 고양이	` ⺀ ⺃ ⻅ ⺦ ⺨ 犷 猫 猫 猫 猫
猫 māo	熊猫 xióngmāo 명 판다[panda]	猫 猫 猫 猫 猫

447	周末 zhōumò 명 주말	一 二 ⺫ 丰 ⺓ 末
末 me mò	末 mò 명 끝, 끝부분	末 末 末 末 末

448	目前 mùqián 명 눈앞, 현재, 지금	丨 冂 冃 日 目
目 mù	项目 xiàngmù 명 항목, 사항	目 目 目 目 目

449	鸟 niǎo 명 새	` ⺀ 勹 鸟 鸟
鸟 diǎo niǎo	鸟巢 niǎocháo 명 새집, 새둥지	鸟 鸟 鸟 鸟 鸟

450	弄 nòng 동 놀다, 하다, 행하다, 다루다	一 二 于 王 弄 弄 弄
弄 lòng nòng	弄坏 nònghuài 동 망치다, 망가뜨리다	弄 弄 弄 弄 弄

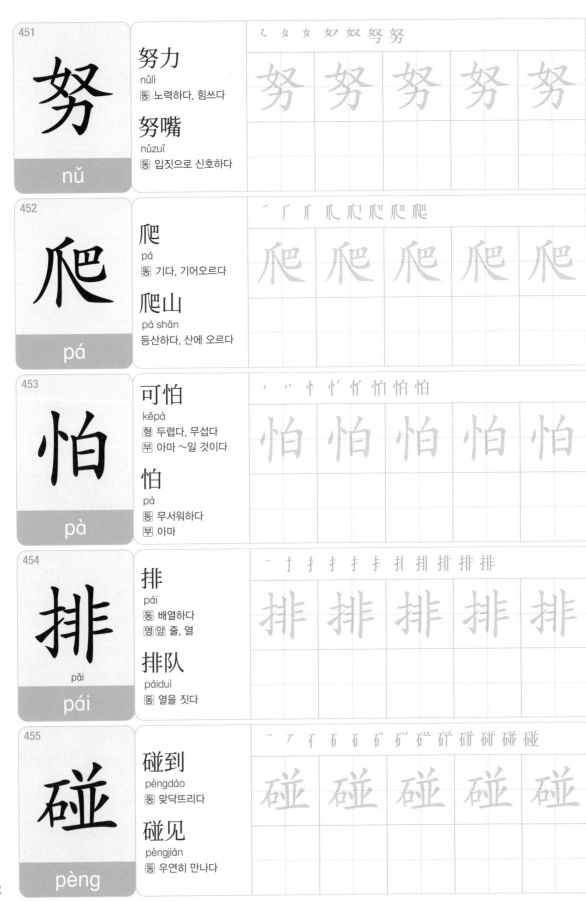

451 努 nǔ

努力
nǔlì
图 노력하다, 힘쓰다

努嘴
nǔzuǐ
图 입짓으로 신호하다

ㄣ 纟 纟 纟 奴 奴 努 努

452 爬 pá

爬
pá
图 기다, 기어오르다

爬山
pá shān
등산하다, 산에 오르다

丿 丿 丿 爪 爬 爬 爬 爬

453 怕 pà

可怕
kěpà
图 두렵다, 무섭다
图 아마 ～일 것이다

怕
pà
图 무서워하다
图 아마

丶 丶 忄 忄 忄 怕 怕 怕

454 排 pái

排
pái
图 배열하다
图图 줄, 열

排队
páiduì
图 열을 짓다

一 十 扌 扌 扌 丰 扫 排 排 排

455 碰 pèng

碰到
pèngdào
图 맞닥뜨리다

碰见
pèngjiàn
图 우연히 만나다

一 丆 石 石 石 石 矿 矿 矿 碰 碰 碰

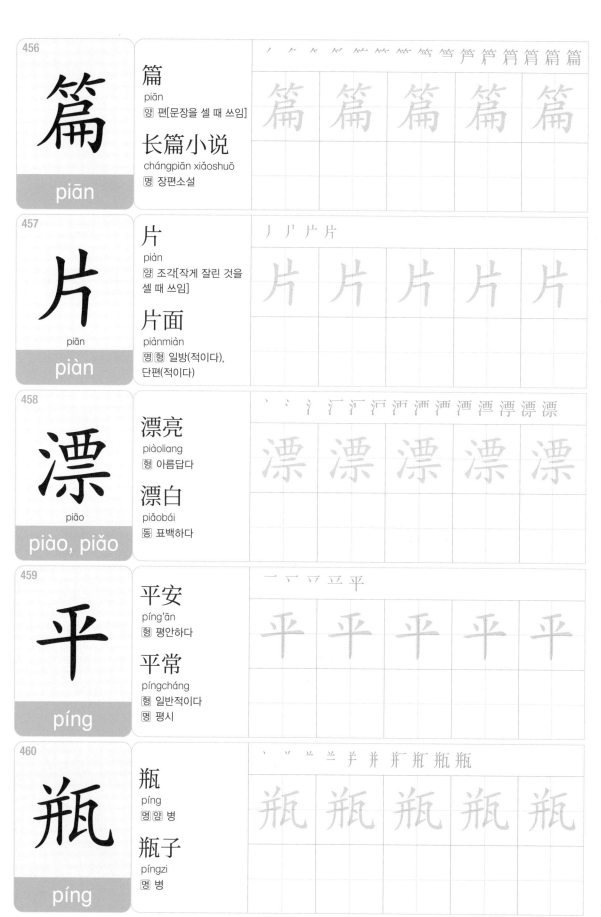

456 篇

篇
piān
양 편[문장을 셀 때 쓰임]

长篇小说
chángpiān xiǎoshuō
명 장편소설

piān

ノ ⺮ ⺮ ⺮ 竺 竺 竺 笢 笢 笢 笡 篃 篇 篇

篇 篇 篇 篇 篇

457 片

片
piàn
양 조각[작게 잘린 것을 셀 때 쓰임]

片面
piànmiàn
명 형 일방(적이다),
단편(적이다)

piàn

ノ ノ 片 片 片

片 片 片 片 片

458 漂

漂亮
piàoliang
형 아름답다

漂白
piǎobái
동 표백하다

piāo

piào, piǎo

丶 丶 氵 氵 沪 沪 沪 漂 漂 漂 漂 漂 漂 漂

漂 漂 漂 漂 漂

459 平

平安
píng'ān
형 평안하다

平常
píngcháng
형 일반적이다
명 평시

píng

一 一 立 立 平

平 平 平 平 平

460 瓶

瓶
píng
명 양 병

瓶子
píngzi
명 병

píng

丶 丷 丷 兰 羊 并 并 瓶 瓶 瓶

瓶 瓶 瓶 瓶 瓶

461		
普	**普通** pǔtōng 형 일반적이다 **普通话** pǔtōnghuà 명 보통화[현대 중국어의 표준어]	丶 丷 ᠴ 눔 눔 쓰 普 普 普 普 普 普 普 普 普
pǔ		

462		
其	**其他** qítā 대 기타, 그 외 **其中** qízhōng 명 그중	一 十 甘 甘 甘 其 其 其 其 其 其 其 其
qí		

463		
骑	**骑** qí 동 (다리를 벌리고) 올라타다 **骑车** qí chē 자전거를 타다	⁊ 马 马 马 骍 骍 骍 骍 骑 骑 骑 骑 骑 骑 骑
qí		

464		
千	**千** qiān 주 1000, 천 **千克** qiānkè 명 킬로그램[kg]	一 二 千 千 千 千 千 千
qiān		

465		
墙	**墙** qiáng 명 벽, 담 **墙壁** qiángbì 명 벽, 담	一 十 土 圹 圹 圹 坮 坮 墙 墙 墙 墙 墙 墙 墙 墙 墙 墙
qiáng		

466	且 jū **qiě**	并且 bìngqiě 접 또한, 더욱이 况且 kuàngqiě 접 게다가, 더구나	丨 冂 日 且 且 且　且　且　且　且
467	青 **qīng**	青年 qīngnián 명 청년, 젊은이 青少年 qīngshàonián 명 청소년	一 十 主 青 青 青 青 青 青　青　青　青　青
468	轻 **qīng**	轻 qīng 형 가볍다 年轻 niánqīng 형 젊다	一 圡 车 车 轩 轻 轻 轻 轻 轻　轻　轻　轻　轻
469	清 **qīng**	清洁 qīngjié 형 청결하다 清洗 qīngxǐ 동 깨끗하게 씻다	丶 氵 氵 汁 汁 清 清 清 清 清 清 清　清　清　清　清
470	情 **qíng**	情感 qínggǎn 명 감정, 느낌 情景 qíngjǐng 명 정경, 광경	丶 忄 忄 忄 情 情 情 情 情 情　情　情　情　情

471	晴 qíng 형 (날씨가) 맑다 晴天 qíng tiān 맑게 갠 날, 맑은 하늘	丨 冂 冂 日 旷 旷 晴 晴 晴 晴 晴 晴
晴 qíng		晴　晴　晴　晴　晴
472	秋天 qiūtiān 명 가을 秋千 qiūqiān 명 그네	一 二 千 禾 禾 禾 秒 秋 秋
秋 qiū		秋　秋　秋　秋　秋
473	求 qiú 동 청하다, 구하다 要求 yāoqiú 명동 요구(하다)	一 十 寸 寸 求 求 求
求 qiú		求　求　求　求　求
474	取 qǔ 동 가지다, 얻다 取得 qǔdé 동 얻다, 획득하다	一 丆 丆 耴 耴 耳 取 取
取 qǔ		取　取　取　取　取
475	全部 quánbù 명 전부 全国 quánguó 명 전국	丿 人 스 스 仝 全
全 quán		全　全　全　全　全

476 確 què	确定 quèdìng 형 명확하다 동 확정하다 确实 quèshí 형 확실하다 부 확실히	一 T T 石 石 矿 矿 矿 矿 硝 确 确 确 确 确 确 确
477 然 rán	然后 ránhòu 접 그러한 후에 自然 zìrán 명 자연 부 당연히	ノ ク タ タ 夕 妖 妖 然 然 然 然 然 然 然 然 然 然
478 让 ràng	让 ràng 동 ~하게 하다 让座 ràngzuò 동 좌석을 양보하다	、 讠 讠 计 讠 让 让 让 让 让 让
479 如 rú	不如 bùrú 동 ~만 못하다 如果 rúguǒ 접 만일, 만약	⺄ 女 女 如 如 如 如 如 如 如 如
480 入 rù	入口 rùkǒu 명 입구 收入 shōurù 동 받다 명 수입, 소득	ノ 入 入 入 入 入 入

色

shǎi

sè

彩色
cǎisè
몡 색깔, 컬러

景色
jǐngsè
몡 경치, 풍경

丿 ⺈ ⼘ ⼓ 色 色

色　色　色　色　色

声

shēng

声音
shēngyīn
몡 소리

声明
shēngmíng
몡동 성명(하다)

一 十 士 宁 宁 声 声

声　声　声　声　声

省

xǐng

shěng

省
shěng
동 아끼다
몡 성[행정 구획 단위]

节省
jiéshěng
동 절약하다

丨 ⼩ ⼩ 少 少 省 省 省 省

省　省　省　省　省

实

shí

实际
shíjì
몡형 실제(적이다)

实习
shíxí
동 실습하다

丶 ⼧ 宀 宁 宁 宝 实 实

实　实　实　实　实

食

sì, yì

shí

食物
shíwù
몡 음식물

食品
shípǐn
몡 식품

丿 ⼈ ⼊ 今 今 今 食 食 食

食　食　食　食　食

| 486 | 使用 shǐyòng 图 사용하다 | ノ イ 仁 仁 仁 仁 使 使 |
| | 即使 jíshǐ 젭 설사 ~하더라도 | 使　使　使　使　使 |

使 shǐ

| 487 | 显示 xiǎnshì 图 뚜렷하게 나타내 보이다 | 一 二 于 示 示 |
| | 示范 shìfàn 图 모범을 보이다 | 示　示　示　示　示 |

示 shì

| 488 | 市 shì 圆 시[행정 구획 단위] | 丶 亠 广 方 市 |
| | 市场 shìchǎng 圆 시장, 마켓 | 市　市　市　市　市 |

市 shì

| 489 | 适合 shìhé 图 부합하다, 적절하다 | 一 二 千 千 舌 舌 活 活 适 |
| | 适应 shìyìng 图 부합하다, 적당하다 | 适　适　适　适　适 |

适 kuò
shì

| 490 | 办公室 bàngōngshì 圆 사무실, 오피스 | 丶 亠 广 宀 宀 宏 宏 宓 室 室 |
| | 教室 jiàoshì 圆 교실 | 室　室　室　室　室 |

室 shì

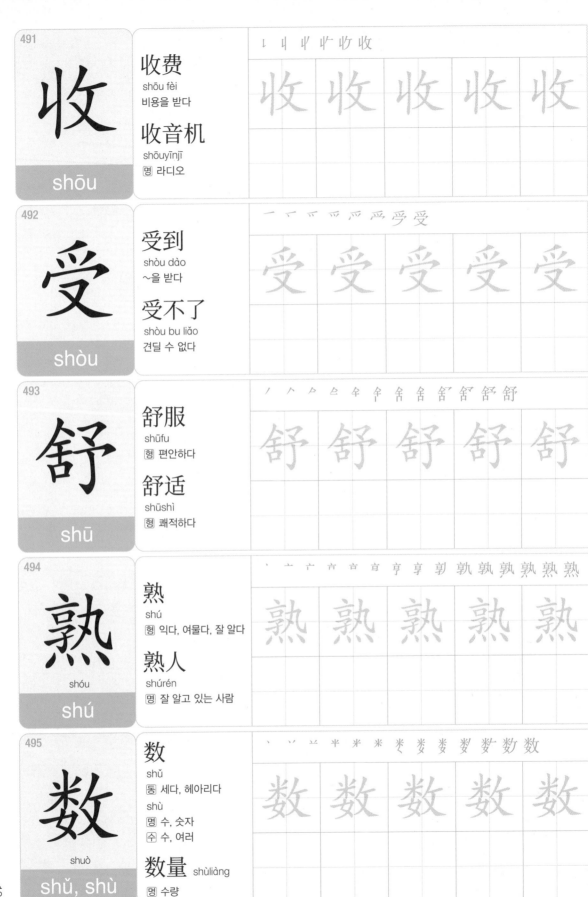

491

收
shōu

收费
shōu fèi
비용을 받다

收音机
shōuyīnjī
명 라디오

ㅣ 山 屮 屮 收 收

492

受
shòu

受到
shòu dào
~을 받다

受不了
shòu bu liǎo
견딜 수 없다

一 ㄟ ㄟ � ㄩ 严 严 受 受

493

舒
shū

舒服
shūfu
형 편안하다

舒适
shūshì
형 쾌적하다

丿 ㄱ ㅅ ㅌ 牟 舍 舍 舍 舒 舒 舒

494

熟
shú

熟
shú
형 익다, 여물다, 잘 알다

熟人
shúrén
명 잘 알고 있는 사람

丶 一 广 ㅗ 亩 亩 亨 享 郭 郭 孰 孰 熟 熟

495

数
shǔ, shù

数
shǔ
동 세다, 헤아리다
shù
명 수, 숫자
수 수, 여러

数量 shùliàng
명 수량

丶 丷 丷 ㅛ 半 米 米 娄 娄 娄 数 数 数

106

496

顺

shùn

顺利
shùnlì
형 순조롭다

顺序
shùnxù
명 순서
부 순서대로

ノ 刂 川 厂 厂 厂 顺 顺 顺

顺　顺　顺　顺　顺

497

司

sī

司机
sījī
명 운전사, 조종사

寿司
shòusī
명 스시, 초밥

フ ヲ 司 司 司

司　司　司　司　司

498

思

sī

思想
sīxiǎng
명 사상, 의식

思考
sīkǎo
동 사고하다

丨 冂 日 田 田 旦 思 思 思

思　思　思　思　思

499

算

suàn

打算
dǎsuàn
동 계획하다
명 생각, 타산

算
suàn
동 계산하다

ノ 卜 竹 竹 竹 竹 笡 笡 笡 笡 算 算

算　算　算　算　算

500

虽

suī

虽然
suīrán
접 비록 ～일지라도

虽说
suīshuō
접 비록 ～일지라도
[구어에서 주로 쓰임]

丨 冂 口 卩 므 吕 吊 虽 虽

虽　虽　虽　虽　虽

| 501 | 随便
suíbiàn
동 좋을 대로 하다
형 제멋대로이다,
함부로 하다

随时
suíshí
부 수시로, 아무 때나 | 乃 阝 阝 阝 阝 陌 陌 陌 陌 随 随

随 随 随 随 随 |
| 随
suí | | |

| 502 | 所以
suǒyǐ
접 그래서

所有
suǒyǒu
명동 소유(하다)
형 모든, 일체의 | 一 厂 厂 厉 所 所 所 所

所 所 所 所 所 |
| 所
suǒ | | |

| 503 | 它
tā
대 그, 저, 그것, 저것

它们
tāmen
대 그것들, 저것들 | 丶 宀 宀 它 它

它 它 它 它 它 |
| 它
tā | | |

| 504 | 状态
zhuàngtài
명 상태, 컨디션

动态
dòngtài
명 일의 움직임, 동태 | 一 ナ 大 太 太 态 态 态

态 态 态 态 态 |
| 态
tài | | |

| 505 | 课堂
kètáng
명 교실

食堂
shítáng
명 구내 식당 | 丨 丷 丷 씽 씽 씽 常 常 堂 堂 堂

堂 堂 堂 堂 堂 |
| 堂
táng | | |

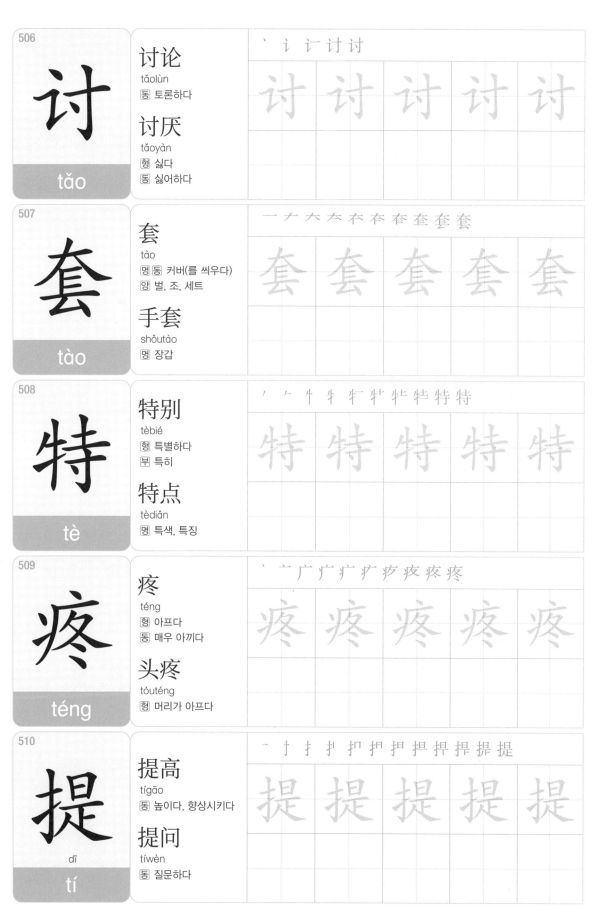

506	讨 tǎo	讨论 tǎolùn 통 토론하다 讨厌 tǎoyàn 형 싫다 통 싫어하다	`ヽ ì 讠 讨 讨 讨 讨 讨 讨 讨
507	套 tào	套 tào 명 동 커버(를 씌우다) 양 벌, 조, 세트 手套 shǒutào 명 장갑	一 ナ 大 大 太 本 查 查 套 套 套 套 套 套 套
508	特 tè	特别 tèbié 형 특별하다 부 특히 特点 tèdiǎn 명 특색, 특징	' ヒ 牛 牛 牛 特 特 特 特 特 特 特 特 特 特
509	疼 téng	疼 téng 형 아프다 통 매우 아끼다 头疼 tóuténg 형 머리가 아프다	` 亠 广 广 疒 疒 疒 疼 疼 疼 疼 疼 疼 疼 疼
510	提 dī tí	提高 tígāo 통 높이다, 향상시키다 提问 tíwèn 통 질문하다	一 十 扌 扌 护 押 押 押 捍 捍 提 提 提 提 提 提

511														
		丨	冂	冃	日	旦	早	早	是	是	足	匙	题	题	题

题

题目
tímù
몡 제목

主题
zhǔtí
몡 주제

tí

题 题 题 题 题

512										
		丿	丿	上	声	钅	钅	钅	铲	铁	铁

铁

地铁
dìtiě
몡 지하철

铁路
tiělù
몡 철도

tiě

铁 铁 铁 铁 铁

513									
		丶	广	广	广	庐	序	庄	庭	庭

庭

家庭
jiātíng
몡 가정

法庭
fǎtíng
몡 법정

tíng

庭 庭 庭 庭 庭

514											
		丿	亻	亻	广	俨	佇	停	停	停	停

停

停
tíng
동 멈추다, 서다

停车
tíngchē
동 정차하다, 주차하다

tíng

停 停 停 停 停

515									
		一	十	扌	扩	挃	托	挺	挺	挺

挺

挺
tǐng
동 참다, 견디다
톗 매우, 대단히

挺好
tǐng hǎo
괜찮다, 좋다

tǐng

挺 挺 挺 挺 挺

516

通

tòng

tōng

通过
tōngguò
동 ~을 통하다, ~을 거치다

通知
tōngzhī
명 동 통지(하다)

フ マ ス 广 丙 甬 甬 涌 通 通

通 通 通 通 通

517

头

tou

tóu

头
tóu
명 머리, 꼭대기
양 마리[동물에 쓰임]
형 앞선

头发
tóufa
명 머리카락

丶 ヽ ニ 头 头

头 头 头 头 头

518

推

tuī

tuī

推
tuī
동 밀다

推广
tuīguǎng
동 (범위를) 넓히다

一 扌 扌 扩 扩 扩 扩 扣 推 推 推

推 推 推 推 推

519

腿

tuǐ

tuǐ

腿
tuǐ
명 (사람·동물·물건의) 다리

大腿
dàtuǐ
명 허벅지

丿 刀 月 月 月 月 肥 胆 胆 腿 腿 腿

腿 腿 腿 腿 腿

520

完

wán

完成
wánchéng
동 완성하다

完全
wánquán
형 완전하다, 충분하다
부 전적으로

丶 宀 宀 宁 宁 完 完

完 完 完 完 完

521

碗
wǎn
명 공기, 사발

洗碗
xǐ wǎn
설거지를 하다

wǎn

一 ｢ 厂 石 石 矿 矿 矿 矿 碗 碗 碗

522

万
wàn
수 10000, 만

千万
qiānwàn
부 절대로, 부디

mò

wàn

一 丁 万

523

国王
guówáng
명 국왕

汉堡王
Hànbǎowáng
명 버거킹[기업명]

wàng

wáng

一 二 干 王

524

往
wǎng
동 ～으로 향하다
개 ～으로

往往
wǎngwǎng
부 왕왕, 자주

wǎng

′ ′ 彳 彳 衧 徉 往 往

525

认为
rènwéi
동 여기다, 생각하다

因为
yīnwèi
개 ～에 의해
접 ～ 때문에

wéi, wèi

ヽ ノ 为 为

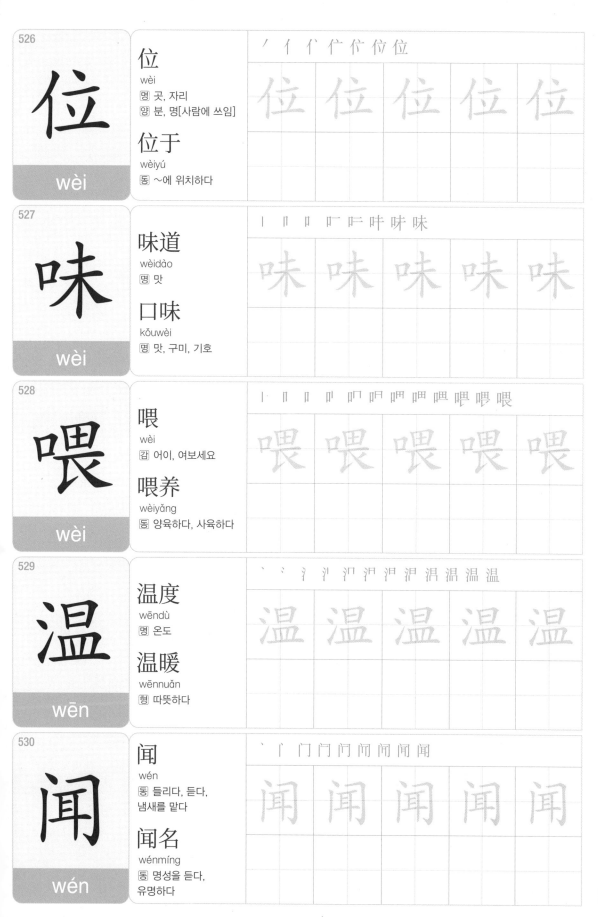

526

位
wèi
명 곳, 자리
양 분, 명[사람에 쓰임]

位于
wèiyú
동 ~에 위치하다

ノ イ 仁 仁 位 位 位

位 位 位 位 位

wèi

527

味道
wèidào
명 맛

口味
kǒuwèi
명 맛, 구미, 기호

丨 口 口 口 吓 吁 味 味

味 味 味 味 味

wèi

528

喂
wèi
감 어이, 여보세요

喂养
wèiyǎng
동 양육하다, 사육하다

丨 口 口 口 叮 叮 喂 喂 喂 喂 喂 喂

喂 喂 喂 喂 喂

wèi

529

温度
wēndù
명 온도

温暖
wēnnuǎn
형 따뜻하다

丶 氵 氵 氵 沪 沪 沪 沪 温 温 温 温

温 温 温 温 温

wēn

530

闻
wén
동 들리다, 듣다,
냄새를 맡다

闻名
wénmíng
동 명성을 듣다,
유명하다

丶 亻 门 门 闩 闩 闻 闻 闻

闻 闻 闻 闻 闻

wén

531	务 wù	义务 yìwù 몡 의무 业务 yèwù 몡 일, 업무	ノ ク 夂 务 务
532	物 wù	动物园 dòngwùyuán 몡 동물원 购物 gòu wù 물건을 구입하다	ノ ト 牛 牛 牛 牝 物 物
533	夏 xià	夏天 xiàtiān 몡 여름 夏季 xiàjì 몡 여름철	一 ァ 斤 币 百 百 頁 頁 夏 夏
534	相 xiāng, xiàng	相信 xiāngxìn 동 믿다 相机 xiàngjī 몡 사진기	一 十 才 木 机 机 机 相 相
535	响 xiǎng	响 xiǎng 동 소리를 내다 音响 yīnxiǎng 몡 음향, 사운드	丨 冂 冂 口' 叮 叮 响 响 响

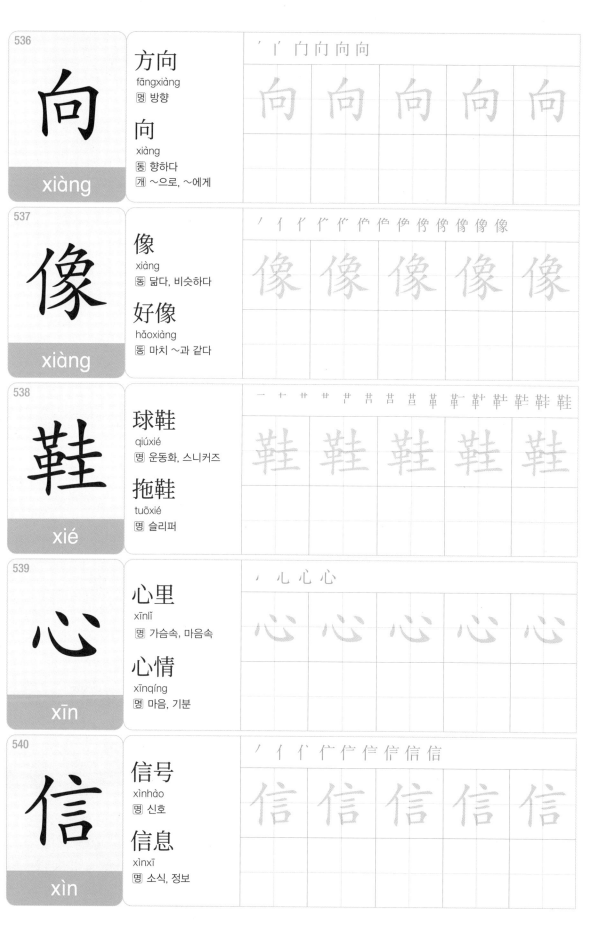

536

向
xiàng

方向
fāngxiàng
명 방향

向
xiàng
동 향하다
개 ~으로, ~에게

`丁 冂 冋 向 向`

537

像
xiàng

像
xiàng
동 닮다, 비슷하다

好像
hǎoxiàng
동 마치 ~과 같다

`亻 亻 伫 伫 伊 俨 傍 像 像 像`

538

鞋
xié

球鞋
qiúxié
명 운동화, 스니커즈

拖鞋
tuōxié
명 슬리퍼

`一 十 廿 廿 芷 昔 昔 苜 革 革 革 靯 鞋 鞋`

539

心
xīn

心里
xīnlǐ
명 가슴속, 마음속

心情
xīnqíng
명 마음, 기분

`心 心 心 心`

540

信
xìn

信号
xìnhào
명 신호

信息
xìnxī
명 소식, 정보

`亻 亻 仁 伫 停 停 信 信`

541

姓
xìng
명동 성(이 ~이다)

姓名
xìngmíng
명 성명

xìng

く 女 女 女 女 女 女 姓 姓
姓 姓 姓 姓 姓

542

必须
bìxū
부 반드시 ~해야 한다

须要
xūyào
동 반드시 ~해야 한다

xū

丿 𠂉 彡 彡 彡 彡 须 须 须
须 须 须 须 须

543

许多
xǔduō
수 매우 많은

允许
yǔnxǔ
동 허가하다, 윤허하다

xǔ

丶 讠 讠 许 许 许
许 许 许 许 许

544

选
xuǎn
동 고르다, 뽑다

选手
xuǎnshǒu
명 선수

xuǎn

丿 𠂉 牛 生 先 先 先 选 选
选 选 选 选 选

545

下雪
xià xuě
눈이 내리다

滑雪
huáxuě
동 스키를 타다

xuě

一 厂 雨 雨 雨 雨 雨 雨 雪 雪 雪
雪 雪 雪 雪 雪

546

言
yán

发言
fāyán
몡통 발언(하다)

留言
liúyán
몡통 메모(를 남기다)

丶 亠 亖 言 言 言 言

言　言　言　言　言

547

颜
yán

颜色
yánsè
몡 색채

素颜
sùyán
몡 화장을 안 한 얼굴

丶 亠 亠 立 产 产 彦 彦 彦 彦 彦 颜 颜 颜

颜　颜　颜　颜　颜

548

眼
yǎn

眼前
yǎnqián
몡 눈앞, 목전

眼镜
yǎnjìng
몡 안경

丨 冂 冂 日 日 眼 眼 眼 眼 眼 眼

眼　眼　眼　眼　眼

549

阳
yáng

阳光
yángguāng
몡 햇빛
혱 쾌활한, 공개적인

阳台
yángtái
몡 발코니

乛 阝 阳 阳 阳 阳

阳　阳　阳　阳　阳

550

养
yǎng

养
yǎng
통 먹여 살리다

培养
péiyǎng
통 배양하다, 양성하다

丶 丷 丷 兰 兰 羊 美 养 养

养　养　养　养　养

551 药 yào

药店
yàodiàn
명 약국

药片
yàopiàn
명 알약

一 十 艹 艹 艿 药 药 药

552 业 yè

职业
zhíyè
명 직업
형 전문적인, 프로의

业余
yèyú
형 여가의, 아마추어의

丨 刂 刂 业 业

553 夜 yè

夜里
yèlǐ
명 밤중

夜景
yèjǐng
명 야경

丶 亠 广 广 广 夜 夜 夜

554 宜 yí

适宜
shìyí
형 적합하다

宜家家居
Yíjiājiājū
명 이케아[기업명]

丶 丷 宀 宀 宁 宜 宜 宜

555 已 yǐ

已经
yǐjīng
부 이미, 벌써

而已
éryǐ
조 ~뿐

フ コ 已

556			
以 yǐ	**以前** yǐqián 명 이전 **以为** yǐwéi 동 ~이라고 생각하다	ㄴ ㄴ 以 以 以 以 以 以 以	

557			
椅 yǐ	**椅子** yǐzi 명 의자 **轮椅** lúnyǐ 명 휠체어	一 十 才 木 木 杧 枋 栌 栌 栌 椅 椅 椅 椅 椅 椅 椅 椅	

558			
亿 yì	**亿** yì 수 억 **亿万** yìwàn 수 무수(의)	ノ 亻 亿 亿 亿 亿 亿 亿	

559			
意 yì	**意见** yìjiàn 명 의견 **意思** yìsi 명 생각	` 亠 亠 立 产 音 音 音 音 音 意 意 意 意 意 意 意	

560			
因 yīn	**因此** yīncǐ 접 이 때문에 **因素** yīnsù 명 요소, 요인	丨 冂 冃 口 因 因 因 因 因 因 因	

561	阴 yīn 형 (날씨가) 흐리다 阴天 yīn tiān 흐린 날, 흐린 하늘	了 阝 阴 阴 阴 阴 阴　阴　阴　阴　阴
562 **音** yīn	音节 yīnjié 명 음절 音乐会 yīnyuèhuì 명 음악회, 콘서트	音 音 音 音 音 音 音 音　音　音　音　音
563 **银** yín	银行卡 yínhángkǎ 명 은행 카드 银牌 yínpái 명 은메달	丿 钅 钅 钅 钅 钅 银 银 银　银　银　银　银
564 **印** yìn	印象 yìnxiàng 명 인상 印刷 yìnshuā 동 인쇄하다	亻 仁 印 印 印　印　印　印　印
565 **应** yīng, yìng	应当 yīngdāng 동 ~하는 것이 당연하다 供应 gōngyìng 동 제공하다, 공급하다	丶 广 广 广 应 应 应 应　应　应　应　应

566 英 yīng

英文
Yīngwén
몡 영문

英语
Yīngyǔ
몡 영어

一 艹 艹 艹 艹 英 英 英

567 迎 yíng

迎接
yíngjiē
동 영접하다, 맞이하다

受欢迎
shòu huānyíng
환영을 받다, 인기가 있다

丶 亻 仃 卬 卬 迎 迎

568 永 yǒng

永久
yǒngjiǔ
형 영원한

永别
yǒngbié
동 사별하다

丶 亅 永 永 永

569 由 yóu

由于
yóuyú
개접 ~으로 인하여

自由
zìyóu
몡형 자유(롭다)

丨 冂 冂 由 由

570 油 yóu

汽油
qìyóu
몡 휘발유, 가솔린

酱油
jiàngyóu
몡 간장

丶 丶 氵 氵 汩 汩 油 油

571	游客 yóukè 명 여행객	` ` 氵 氵 氵 氵 氵 汸 汸 汸 游 游 游
游 yóu	游玩 yóuwán 동 놀다	游 游 游 游 游

572	又 yòu 부 또, 한편	フ 又
又 yòu	又及 yòují 동 추신하다[공문·서신에 쓰임]	又 又 又 又 又

573	关于 guānyú 개 ~에 관하여	一 二 于
于 yú	于是 yúshì 접 그래서	于 于 于 于 于

574	鱼 yú 명 물고기	` ` 宀 宀 宀 宀 宀 宀 鱼
鱼 yú	鱿鱼 yóuyú 명 오징어	鱼 鱼 鱼 鱼 鱼

575	教育 jiàoyù 명동 교육(하다)	` 亠 亠 亠 宀 育 育 育
育 yō	体育馆 tǐyùguǎn 명 체육관	育 育 育 育 育

576

圆

圆
yuán
명 원
형 둥글다

圆满
yuánmǎn
형 원만하다

丨 冂 冂 冃 冃 冃 冃 冏 圆 圆 圆

圆 圆 圆 圆 圆

yuán

577

原

原来
yuánlái
명형 원래(의), 본래(의)
부 알고 보니

原因
yuányīn
명 원인

一 厂 厂 厂 厈 厇 戽 原 原 原

原 原 原 原 原

yuán

578

愿

愿意
yuànyì
동 ~하기를 바라다

愿望
yuànwàng
명 바람, 희망

一 厂 厂 厂 厈 厈 戽 原 原 原 原 愿 愿

愿 愿 愿 愿 愿

yuàn

579

越

越
yuè
동 넘다, 건너다
부 ~할수록 ~하다[중첩
해서 쓰임]

越来越
yuè lái yuè
더욱더, 점점

一 十 土 キ キ 走 走 赴 起 越 越 越

越 越 越 越 越

yuè

580

云

多云
duōyún
명 흐림[기상학 용어]

云
yún
명 구름

一 二 云 云

云 云 云 云 云

yún

581								
运	**运动** yùndòng 명동 운동(하다)	一 二 テ 云 运 运 运						
		运	运	运	运	运		
yùn	**运输** yùnshū 동 운송하다							

582								
咱	**咱** zán 대 우리	丨 丨 吅 吅 吖 吖 咱 咱 咱						
		咱	咱	咱	咱	咱		
zá, zan	**咱们** zánmen 대 우리[화자측과 상대측 모두 포함]							
zán								

583								
脏	**脏** zāng 형 더럽다	丿 刀 月 月 月' 扩 扩 扩 脏 脏						
		脏	脏	脏	脏	脏		
zāng, zàng	**心脏** xīnzàng 명 심장							

584								
澡	**泡澡** pàozǎo 동 몸을 뜨거운 물에 담그고 목욕하다	丶 丶 氵 氵 汀 沪 沪 澡 澡 澡 澡 澡 澡 澡						
		澡	澡	澡	澡	澡		
zǎo	**澡盆** zǎopén 명 욕조							

585								
占	**占** zhān 동 점치다 zhàn 동 차지하다	丨 卜 上 占 占						
		占	占	占	占	占		
zhān, zhàn	**占线** zhànxiàn 동 통화 중이다							

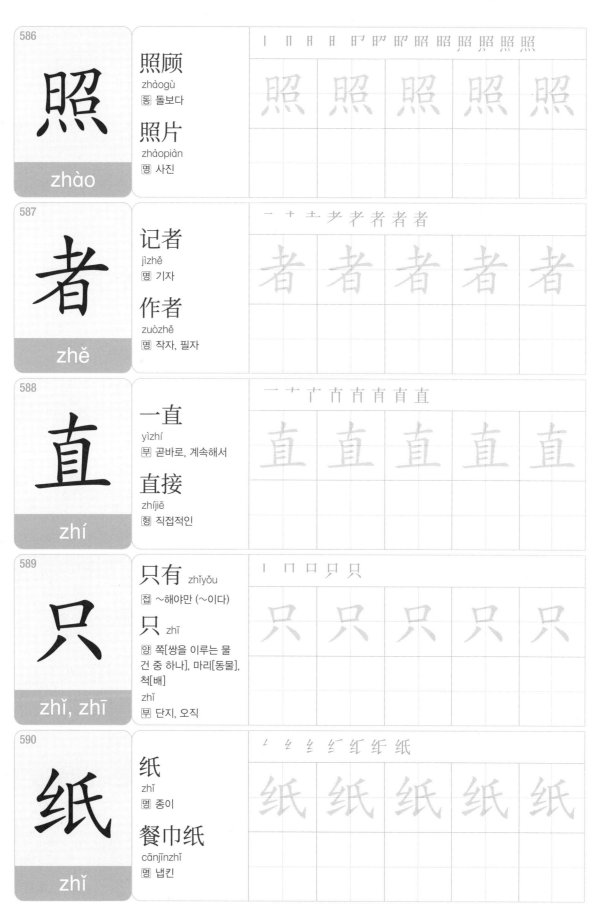

586

照
zhào

照顾
zhàogù
동 돌보다

照片
zhàopiàn
명 사진

丨 冂 日 日 日⁷ 昭 昭 照 照 照 照 照

587

者
zhě

记者
jìzhě
명 기자

作者
zuòzhě
명 작자, 필자

一 十 土 耂 耂 者 者 者

588

直
zhí

一直
yìzhí
부 곧바로, 계속해서

直接
zhíjiē
형 직접적인

一 十 广 亣 亩 盲 直 直

589

只
zhǐ, zhī

只有 zhǐyǒu
접 ~해야만 (~이다)

只 zhī
양 쪽[쌍을 이루는 물건 중 하나], 마리[동물], 척[배]

zhǐ
부 단지, 오직

丨 冂 口 只 只

590

纸
zhǐ

纸
zhǐ
명 종이

餐巾纸
cānjīnzhǐ
명 냅킨

乚 乡 纟 纟 纩 红 纤 纸

591

钟

钟
zhōng
명 종, 시계, 시간

闹钟
nàozhōng
명 알람 시계

zhōng

丿 𠂉 𠂉 钅 钅 钉 钌 钟

钟　钟　钟　钟　钟

592

周

周年
zhōunián
명 주년

周围
zhōuwéi
명 주위, 둘레

zhōu

丿 冂 冂 冃 肙 周 周 周

周　周　周　周　周

593

主

主人
zhǔrén
명 주인

主持
zhǔchí
동 책임지고 집행하다

zhǔ

丶 亠 主 主 主

主　主　主　主　主

594

助

助力
zhùlì
동 조력하다, 도와주다
명 조력, 도움

协助
xiézhù
동 협조하다

zhù

丨 冂 月 月 且 助 助

助　助　助　助　助

595

装

装
zhuāng
동 치장하다
명 옷차림, 분장

服装
fúzhuāng
명 복장

zhuāng

丶 丬 爿 爿 壮 壮 壮 装 装 装 装 装

装　装　装　装　装

596	自行车 zìxíngchē 명 자전거	´ ´ ´ 自 自 自 自				
自 zì	自动 zìdòng 부 주체적으로, 저절로 형 자동의	自	自	自	自	自

597	租 zū 동 빌리다, 빌려주다	´ ´ 千 禾 禾 和 和 和 租 租				
租 zū	出租车 chūzūchē 명 택시	租	租	租	租	租

598	小组 xiǎozǔ 명 소그룹, 팀	´ ´ ´ 纟 纟 纟 纠 纽 组 组 组				
组 zǔ	组成 zǔchéng 동 구성하다, 조직하다	组	组	组	组	组

599	嘴 zuǐ 명 입[입의 통칭]	l l l l l l l l l l l l l l l l 嘴 嘴 嘴 嘴				
嘴 zuǐ	嘴巴 zuǐba 명 입, 뺨	嘴	嘴	嘴	嘴	嘴

600	座 zuò 명 자리, 좌석	´ ´ 广 广 广 庐 庐 座 座 座				
座 zuò	座位 zuòwèi 명 자리, 좌석	座	座	座	座	座

중국어 기본 문장 써 보기

是자문

◎ '是'는 '명사구 1'이 '명사구 2'의 '범주 유형'에 속하는 것이라고 확인하는 기능을 한다.

> 명사구 1 + 是 + 명사구 2

他是北京人，我是上海人。 그는 베이징 사람이고, 나는 상하이 사람이다.
Tā shì Běijīng rén, wǒ shì Shànghǎi rén.

◎ 사람이나 사물의 '특징'이나 '재료'를 설명할 때 사용한다.

> 주어 + 是 + 형용사 / 수량사 + 명사

中国人大多数是黄皮肤。 중국인은 대다수가 황색 피부이다.
Zhōngguó rén dàduōshù shì huáng pífū.

> 주어 + 是 + 명사 / 형용사 + 的

我用的电脑都是最流行的。 내가 사용하는 컴퓨터는 전부 가장 유행하는 것이다.
Wǒ yòng de diànnǎo dōu shì zuì liúxíng de.

被자문

◎ '어떤 일을 당한 결과'를 나타낸다. 주로 뜻대로 되지 않은 일, 예상하지 못한 일, 일어나지 않기를 바라는 일처럼 부정적인 결과를 나타내지만, 일반적이고 평범한 결과도 나타낼 수 있다.

> A + 被(+B) + 동사 + 결과를 나타내는 말 / 개사구

她哥哥被车撞伤了。 그녀의 오빠는 차에 부딪혀 다쳤다.
Tā gēge bèi chē zhuàngshāng le.

她被男朋友骗了。 그녀는 남자 친구에게 속았다.
Tā bèi nán péngyou piàn le.

○ '소유하거나 갖추고 있는 것'을 나타낼 때, '어떤 계획이 있거나 책임져야 하는 일이 있음'을 나타낼 때 사용한다.

주어 + 有 + 명사구

你家有几口人? 너희 집은 식구가 몇이야?
Nǐ jiā yǒu jǐ kǒu rén?

你们今天有三项任务。 너희에게 오늘 세 가지 임무가 있다.
Nǐmen jīntiān yǒu sān xiàng rènwù.

○ '불확실한' 사람이나 물건의 '존재' '출현'을 나타낼 때 사용한다.

장소 + 有 + 명사구

请问，屋里有人吗? 실례지만, 방에 사람이 있나요?
Qǐngwèn, wūli yǒu rén ma?

○ 물건의 이동이나 행위가 이끈 '결과'를 나타낼 때 사용한다.

A + 把 + B + 동사 + 결과를 나타내는 말 / 개사구

他把好看的家具都搬走了。 그는 보기 좋은 가구를 모두 운반해 갔다.
Tā bǎ hǎokàn de jiājù dōu bānzǒu le.

她把那些作业都写完了。 그녀는 그 숙제들을 모두 다 했다.
Tā bǎ nàxiē zuòyè dōu xiěwán le.

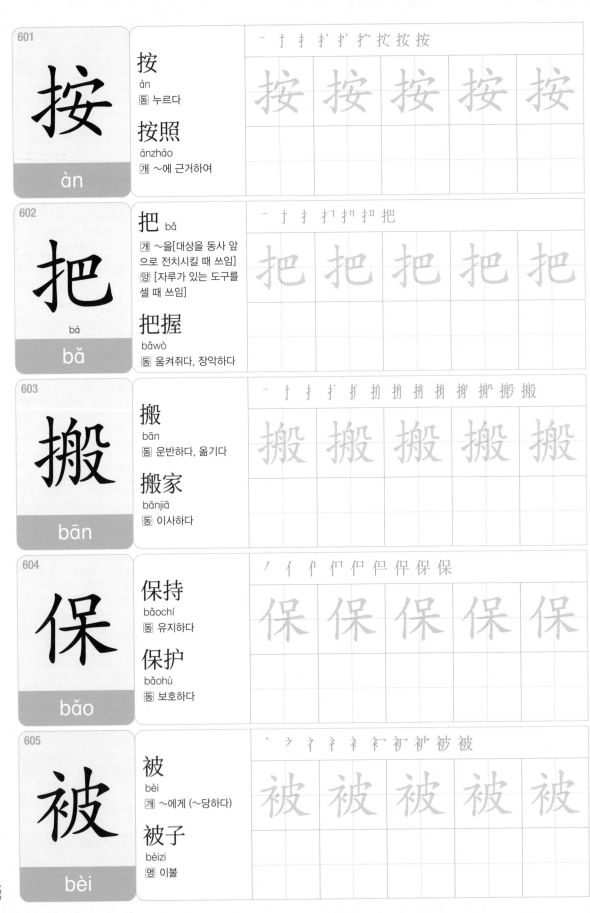

601

按
àn
동 누르다

按照
ànzhào
개 ～에 근거하여

àn

一 十 扌 扩 扩 扩 护 按 按

按 按 按 按 按

602

把 bǎ
개 ～을[대상을 동사 앞으로 전치시킬 때 쓰임]
양 [자루가 있는 도구를 셀 때 쓰임]

把握
bǎwò
동 움켜쥐다, 장악하다

bǎ

一 十 扌 扣 把 把 把

把 把 把 把 把

603

搬
bān
동 운반하다, 옮기다

搬家
bānjiā
동 이사하다

bān

一 十 扌 扩 扩 扚 扚 掄 掄 掄 搬 搬

搬 搬 搬 搬 搬

604

保持
bǎochí
동 유지하다

保护
bǎohù
동 보호하다

bǎo

丿 亻 亻 亻 仔 伲 但 保 保

保 保 保 保 保

605

被
bèi
개 ～에게 (～당하다)

被子
bèizi
명 이불

bèi

丶 礻 衤 衤 衤 衤 衤 衤 被 被

被 被 被 被 被

606			
币 **bì**	**人民币** rénmínbì 몡 런민삐[중국 법정 화폐] **硬币** yìngbì 몡 동전	一 厂 币 币 币 币 币 币 币	

607			
标 **biāo**	**标题** biāotí 몡 표제 **标准** biāozhǔn 몡형 표준(적이다)	一 十 才 朮 杚 标 标 标 标 标 标 标 标 标	

608			
并 **bīng** **bìng**	**并** bìng 동 합치다, 나란히 하다 뮈 같이, 결코, 전혀 젭 그리고, 또 **合并** hébìng 동 합병하다	丷 一 兰 兰 并 并 并 并 并 并	

609			
播 **bō**	**播放** bōfàng 동 방송하다 **直播** zhíbō 동 생중계하다	一 十 扌 扩 扩 护 押 押 採 採 播 播 播 播 播 播 播 播	

610			
补 **bǔ**	**补** bǔ 동 보수하다 **补充** bǔchōng 동 보충하다	丶 ⺀ ⻌ 衤 衤 补 补 补 补 补 补 补	

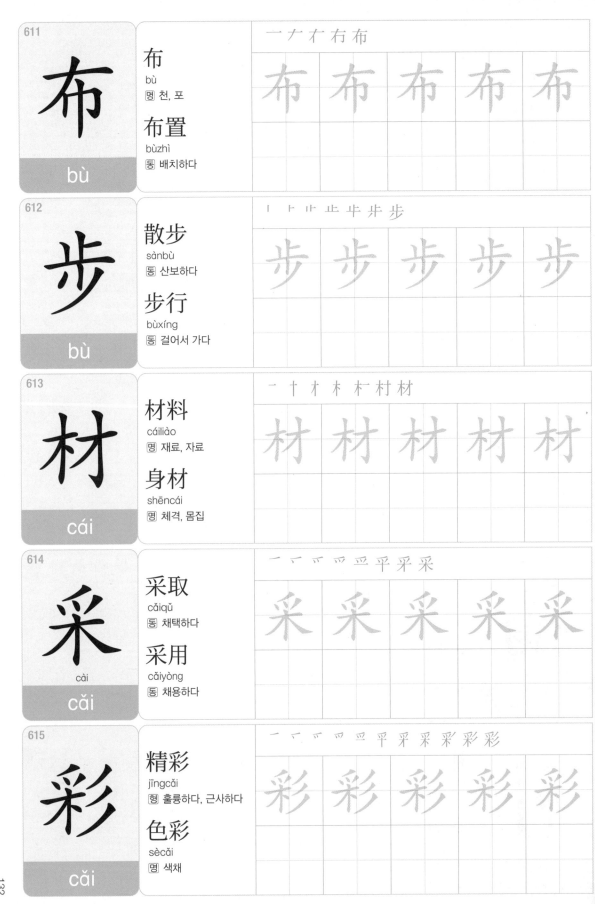

611 布 bù

布
bù
몡 천, 포

布置
bùzhì
동 배치하다

一 ナ オ 右 布

612 步 bù

散步
sànbù
동 산보하다

步行
bùxíng
동 걸어서 가다

丨 ㅏ ㅑ 止 牛 牛 步

613 材 cái

材料
cáiliào
명 재료, 자료

身材
shēncái
명 체격, 몸집

一 十 才 木 杧 杧 材

614 采 cǎi

采取
cǎiqǔ
동 채택하다

采用
cǎiyòng
동 채용하다

一 乀 爫 爫 巫 平 采 采

615 彩 cǎi

精彩
jīngcǎi
형 훌륭하다, 근사하다

色彩
sècǎi
명 색채

一 乀 爫 爫 巫 平 采 采 彩 彩 彩

616	曾经 céngjīng [부] 일찍이 曾孙女 zēngsūnnǚ [명] 증손녀	` ` ⺍ ⺌ 宀 宀 宀 曾 曾 曾 曾
曾 **céng, zēng**		

617	观察 guānchá [동] 관찰하다 警察 jǐngchá [명] 경찰	` ⺁ 宀 宀 宀 宀 宀 宀 宎 宎 察 察 察
察 **chá**		

618	产生 chǎnshēng [동] 발생하다, 생기다 产品 chǎnpǐn [명] 제품	` 宀 产 产 产 产
产 **chǎn**		

619	工厂 gōngchǎng [명] 공장 厂商 chǎngshāng [명] 제조상, 생산자	一 厂
厂 ān **chǎng**		

620	朝 cháo [동] ~으로 향하다 [개] ~을 향하여 zhāo [명] 아침, 날 唐朝 Tángcháo [명] 당조, 당나라	一 十 ⺜ 古 古 直 卓 朝 朝 朝 朝
朝 **cháo, zhāo**		

621	吵	｜ 口 口 吖 吵 吵 吵
吵 chǎo	chǎo 형 시끄럽다 吵架 chǎojià 동 다투다, 말다툼하다	吵　吵　吵　吵　吵

622	衬衫	`ヽ ｡ ｀ ネ ネ ネ 衬 衬
衬 chèn	chènshān 명 셔츠 衬衣 chènyī 명 속옷, 셔츠	衬　衬　衬　衬　衬

623	城	一 十 土 圹 圹 垆 城 城 城
城 chéng	chéng 명 성, 성 안, 도시 城市 chéngshì 명 도시	城　城　城　城　城

624	程度	一 二 千 禾 禾 禾 和 和 程 程 程 程
程 chéng	chéngdù 명 정도, 수준 程序 chéngxù 명 순서, 프로그램	程　程　程　程　程

625	持续	一 十 扌 扌 扩 拃 拃 持 持
持 chí	chíxù 동 지속하다 坚持 jiānchí 동 견지하다, 고수하다	持　持　持　持　持

626 充 chōng

`丶亠云云充`

充满
chōngmǎn
동 가득하다

充电
chōngdiàn
동 충전하다

充 充 充 充 充

---

627 初 chū

`丶冫礻礻衤初初`

初步
chūbù
형 초보적인

初中
chūzhōng
명 중학교[初级中学 약칭]

初 初 初 初 初

---

628 除 chú

`了阝阝阾阾除除除`

除了
chúle
개 ~을 제외하고는

除非
chúfēi
접 오직 ~하여야 비로소

除 除 除 除 除

---

629 础 chǔ

`一厂石石石矿矿砂础础`

基础
jīchǔ
명 기초, 기반

础石
chǔshí
명 초석

础 础 础 础 础

---

630 传 chuán, zhuàn

`丿亻仁仁传传`

传播
chuánbō
동 널리 퍼뜨리다

传记
zhuànjì
명 전기, 일대기

传 传 传 传 传

631	创造	ノ ﾉ ﾉ 仓 伧 创
创	chuàngzào 통 창조하다	创 创 创 创 创
chuàng, chuāng	创伤 chuāngshāng 명 상처	

632	此后	丨 卜 屮 止 此 此
此	cǐhòu 명 이후	此 此 此 此 此
cǐ	此时 cǐshí 명 이때	

633	农村	一 十 扌 才 木 朴 村 村
村	nóngcūn 명 농촌	村 村 村 村 村
cūn	村庄 cūnzhuāng 명 마을	

634	存在	一 ナ 才 存 存 存
存	cúnzài 명동 존재(하다)	存 存 存 存 存
cún	存款 cúnkuǎn 명동 저금(하다)	

635	达到	一 ナ 大 大 达 达
达	dádào 통 도달하다	达 达 达 达 达
dá	发达 fādá 형 발달하다 통 출세하다	

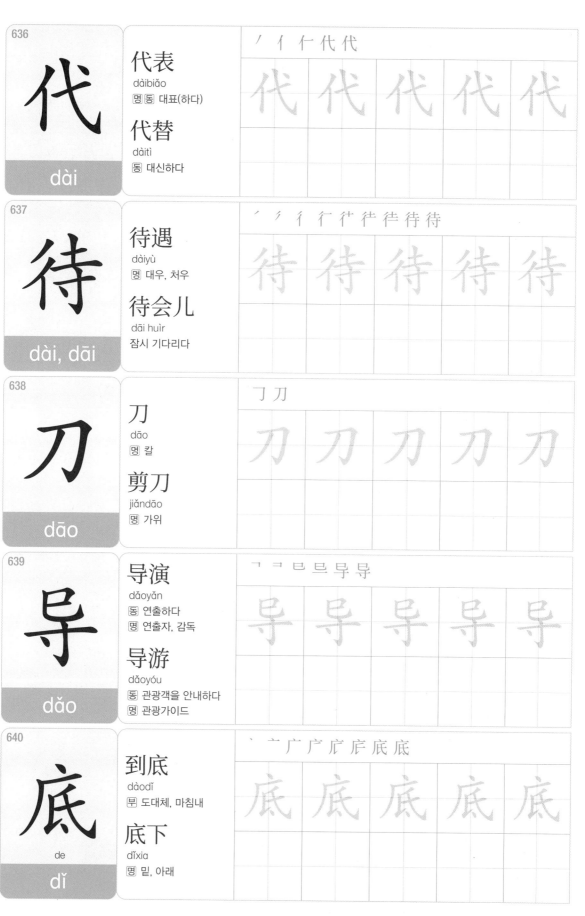

636 代 dài

代表
dàibiǎo
명동 대표(하다)

代替
dàitì
동 대신하다

ノ イ 仁 代 代

637 待 dài, dāi

待遇
dàiyù
명 대우, 처우

待会儿
dāi huìr
잠시 기다리다

ノ ㇒ 彳 彳 彳 彳 待 待

638 刀 dāo

刀
dāo
명 칼

剪刀
jiǎndāo
명 가위

丁 刀

639 导 dǎo

导演
dǎoyǎn
동 연출하다
명 연출자, 감독

导游
dǎoyóu
동 관광객을 안내하다
명 관광가이드

フ ㇆ 巳 ㇒ 导 导

640 底 de, dǐ

到底
dàodǐ
부 도대체, 마침내

底下
dǐxia
명 밑, 아래

㇒ 亠 广 广 庐 庐 底 底

641	调查	` 讠 讠 讱 讱 讱 调 调 调 调 调
调	diàochá 동 조사하다	调 调 调 调 调
	空调	
diào, tiáo	kōngtiáo 명 에어컨	

642	订	` 讠 订 订
订	dìng 동 정하다, 예약하다	订 订 订 订 订
	预订	
dìng	yùdìng 동 예약하다	

643	不断	` ` ´ ´ ¥ ¥ ¥ 迷 迷 断 断 断
断	búduàn 동 끊임없다 부 끊임없이	断 断 断 断 断
	断	
duàn	duàn 동 자르다, 끊다	

644	顿	一 匸 匸 屯 屯 屯 顿 顿 顿 顿
顿	dùn 양 번, 차례, 끼니	顿 顿 顿 顿 顿
dú	停顿	
dùn	tíngdùn 동 중지되다, 잠시 쉬다	

645	麻烦	` ` ㅄ 火 火 灯 灯 灯 烦 烦 烦
烦	máfan 형 귀찮다, 번거롭다 명동 폐(를 끼치다), 부담(을 주다)	烦 烦 烦 烦 烦
	烦	
fán	fán 형 답답하다, 괴롭다	

646 反 fǎn	反对 fǎnduì 동 반대하다 / 反应 fǎnyìng 명 동 반응(하다)	一 厂 反 反 反 反 反 反 反
647 范 fàn	范围 fànwéi 명 범위 / 规范 guīfàn 명 본보기, 규범 형 규범적이다	一 十 艹 苧 苧 茫 范 范 范 范 范 范 范
648 防 fáng	防止 fángzhǐ 동 방지하다 / 预防 yùfáng 동 예방하다	㇈ ß ß' ßˊ 防 防 防 防 防 防 防
649 访 fǎng	访问 fǎngwèn 동 방문하다 / 采访 cǎifǎng 동 인터뷰하다	、 讠 讠' 讠' 访 访 访 访 访 访 访
650 啡 fēi	咖啡 kāfēi 명 커피 / 咖啡厅 kāfēitīng 명 커피숍	丨 口 口 吖 吖 吖 呷 啡 啡 啡 啡 啡 啡 啡 啡

651		
费 fèi	**费用** fèiyong 명 비용, 지출 **免费** miǎnfèi 동 무료로 하다	一 コ 弓 弗 弗 弗 费 费 费 费 费 费 费 费

652		
丰 fēng	**丰富** fēngfù 형 풍부하다 **丰收** fēngshōu 동 풍년이 들다	一 二 三 丰 丰 丰 丰 丰 丰

653		
否 pǐ fǒu	**否定** fǒudìng 동 부정하다 형 부정의 **否认** fǒurèn 동 부인하다	一 ア オ 不 不 否 否 否 否 否 否 否

654		
夫 fú fū	**丈夫** zhàngfu 명 남편 **夫妻** fūqī 명 부부	一 二 尹 夫 夫 夫 夫 夫 夫

655		
福 fú	**福** fú 명 복 **幸福** xìngfú 명 형 행복(하다)	丶 冫 礻 礻 衤 衤 衤 衤 衤 福 福 福 福 福 福 福 福

656	父母	ノハグ父
父	fùmǔ 명 부모	父 父 父 父 父
fǔ	父亲	
fù	fùqīn 명 부친, 아버지	

657	付	ノイ仁付付
付	fù 통 교부하다	付 付 付 付 付
fù	付出	
	fùchū 통 지불하다	

658	负责	ノⁿク수워负负
负	fùzé 통 책임이 있다 형 책임감이 강하다	负 负 负 负 负
fù	负担	
	fùdān 명통 부담(하다)	

659	财富	ﾉ丷宀宀宀宀宫宫宫富富
富	cáifù 명 재산, 자산	富 富 富 富 富
fù	富有	
	fùyǒu 형 부유하다 통 충분히 가지다	

660	概念	一十才才木杚杚杚柙柙椓概概
概	gàiniàn 명 개념	概 概 概 概 概
gài	概括	
	gàikuò 통 총괄하다 형 대략적이다	

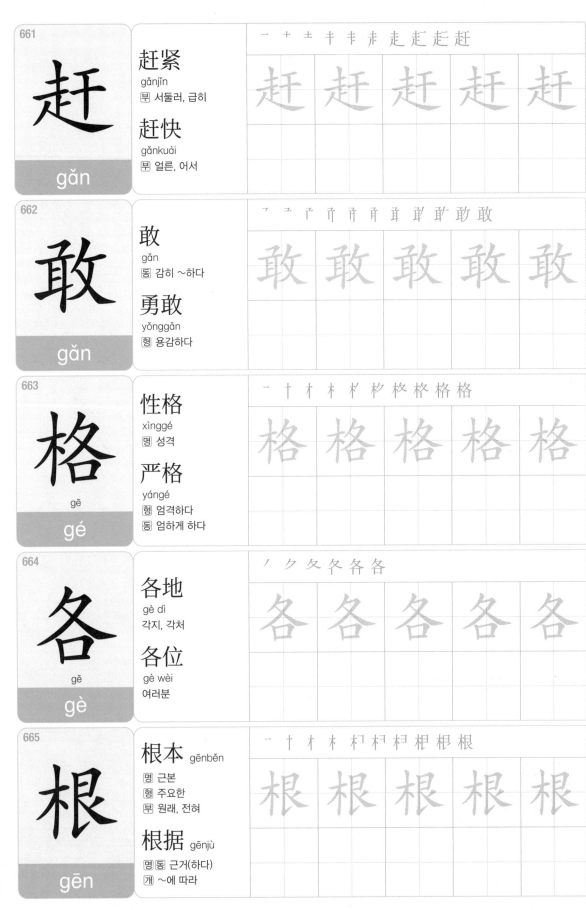

661 赶 gǎn

一 十 土 丰 丰 走 走 赵 赵 走 赶

赶紧
gǎnjǐn
튄 서둘러, 급히

赶快
gǎnkuài
튄 얼른, 어서

662 敢 gǎn

ᄀ ᄀ ᄼ ᄼ 丿 丿 耳 耳 耳 耵 敢 敢

敢
gǎn
동 감히 ~하다

勇敢
yǒnggǎn
형 용감하다

663 格 gē

一 十 才 木 材 柊 柊 格 格 格

性格
xìnggé
명 성격

严格
yángé
형 엄격하다
동 엄하게 하다

664 各 gè

丿 夕 夂 冬 各 各

各地
gè dì
각지, 각처

各位
gè wèi
여러분

665 根 gēn

一 十 才 木 杞 杞 枏 枏 棍 根

根本 gēnběn
명 근본
형 주요한
튄 원래, 전혀

根据 gēnjù
명 동 근거(하다)
개 ~에 따라

142

666	功夫	一 T 工 功 功
功	gōngfu 명 조예, 솜씨, 무술 功能 gōngnéng 명 기능	功　功　功　功　功
gōng		

667	姑娘	ㄑ ㄣ 女 女' 女° 女古 姑 姑
姑	gūniang 명 미혼의 여자 姑姑 gūgu 명 고모	姑　姑　姑　姑　姑
gū		

668	古代	一 十 ナ 古 古
古	gǔdài 명 고대 古老 gǔlǎo 형 오래된	古　古　古　古　古
gǔ		

669	挂	一 ナ 扌 扩 扩 挂 挂 挂
挂	guà 동 (고리에) 걸다, (전화를) 끊다 挂号 guàhào 동 등록하다, 접수하다	挂　挂　挂　挂　挂
guà		

670	奇怪	ㆍ ㆍ ㆍ忄 忄 怀 怀 怪 怪
怪	qíguài 형 괴상하다 怪不得 guàibude 동 책망할 수 없다 부 어쩐지, 과연	怪　怪　怪　怪　怪
guài		

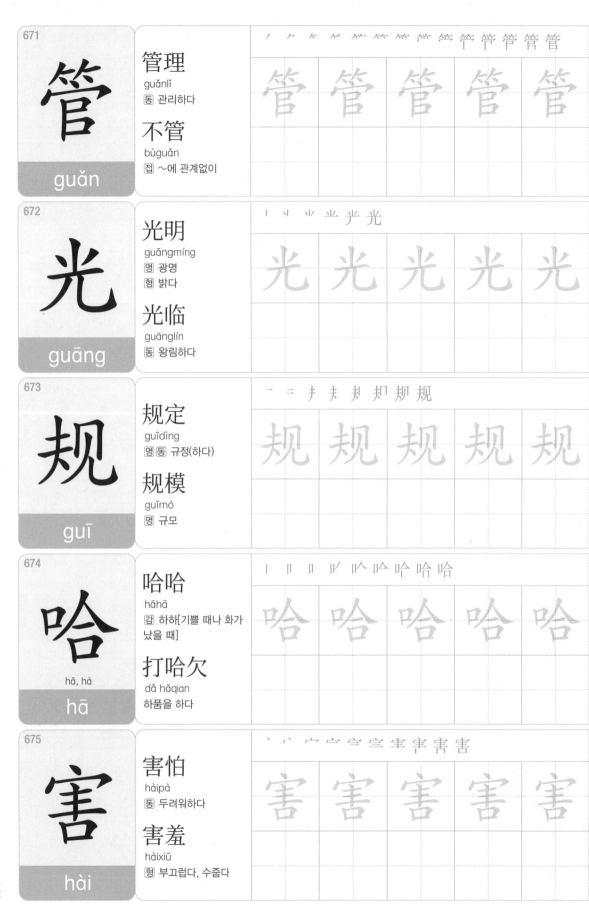

671 管 guǎn

管理
guǎnlǐ
동 관리하다

不管
bùguǎn
접 ~에 관계없이

`丿 广 广 广 笞 笞 笞 管 管 管 管 管`

管 管 管 管 管

672 光 guāng

光明
guāngmíng
명 광명
형 밝다

光临
guānglín
동 왕림하다

`丨 丷 丷 半 尹 光`

光 光 光 光 光

673 规 guī

规定
guīdìng
명 동 규정(하다)

规模
guīmó
명 규모

`一 三 丰 丰 夫 刔 却 规`

规 规 规 规 规

674 哈 hǎ, hà / hā

哈哈
hāhā
감 하하[기쁠 때나 화가
났을 때]

打哈欠
dǎ hāqian
하품을 하다

`丨 丨 口 叭 吟 哈 哈 哈`

哈 哈 哈 哈 哈

675 害 hài

害怕
hàipà
동 두려워하다

害羞
hàixiū
형 부끄럽다, 수줍다

`丶 宀 宀 宀 宀 宇 害 害 害`

害 害 害 害 害

676	如何	ノ イ 仁 仁 佰 佰 何
	rúhé	何 何 何 何 何
何	대 어떠한가	
	何况	
	hékuàng	
hé	접 하물며	

677	互联网	一 丆 互 互
	hùliánwǎng	互 互 互 互 互
互	명 인터넷	
	互相	
	hùxiāng	
hù	부 서로	

678	华人	ノ イ 化 化 华 华
	huárén	华 华 华 华 华
华	명 중국인, 중국계 주민	
	华语	
	Huáyǔ	
huà	명 중국어	
huá		

679	变化	ノ イ 亻 化
	biànhuà	化 化 化 化 化
化	명 동 변화(하다)	
	化妆品	
	huàzhuāngpǐn	
huā	명 화장품	
huà		

680	环保	一 三 于 玉 玙 环 环 环
	huánbǎo	环 环 环 环 环
环	명 형 환경보호(의)	
	[环境保护 약칭]	
	环境	
	huánjìng	
huán	명 환경	

681		
婚	**离婚** líhūn 동 이혼하다	く 女 女 女 好 好 姊 婚 婚 婚 婚 婚　婚　婚　婚　婚
hūn	**婚礼** hūnlǐ 명 결혼식	

682		
积	**积极** jījí 형 적극적인, 긍정적인	一 二 千 禾 禾 和 和 积 积 积　积　积　积　积
jī	**面积** miànjī 명 면적	

683		
基	**基本** jīběn 명 형 근본(적인), 기본(의)	一 十 艹 井 其 其 其 其 基 基 基　基　基　基　基
jī	**基本上** jīběnshàng 부 주로, 대체로	

684		
及	**及时** jíshí 형 시기적절하다 부 제때에	丿 乃 及 及　及　及　及　及
jí	**及格** jígé 동 합격하다	

685		
极	**极了** jí le [형용사 뒤에 쓰여 뜻을 매우 강조함]	一 十 才 木 朽 极 极 极　极　极　极　极
jí	**极其** jíqí 부 매우	

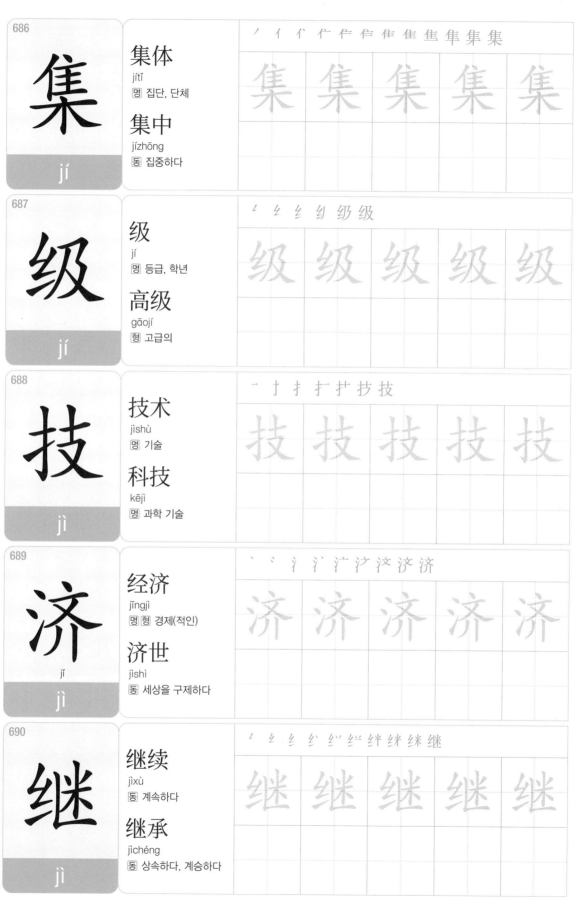

686

集

jí

集体
jítǐ
명 집단, 단체

集中
jízhōng
동 집중하다

ノ イ イ 作 什 佳 隹 焦 隼 集 集

687

级

jí

级
jí
명 등급, 학년

高级
gāojí
형 고급의

乄 乙 纟 纟 级 级

688

技

jì

技术
jìshù
명 기술

科技
kējì
명 과학 기술

一 十 扌 扌 扩 扚 技

689

济

jì

经济
jīngjì
명 형 경제(적인)

济世
jìshì
동 세상을 구제하다

丶 冫 氵 氵 浐 浐 浐 济 济

690

继

jì

继续
jìxù
동 계속하다

继承
jìchéng
동 상속하다, 계승하다

乙 乡 乡 纟 纟 纤 纤 继 继 继

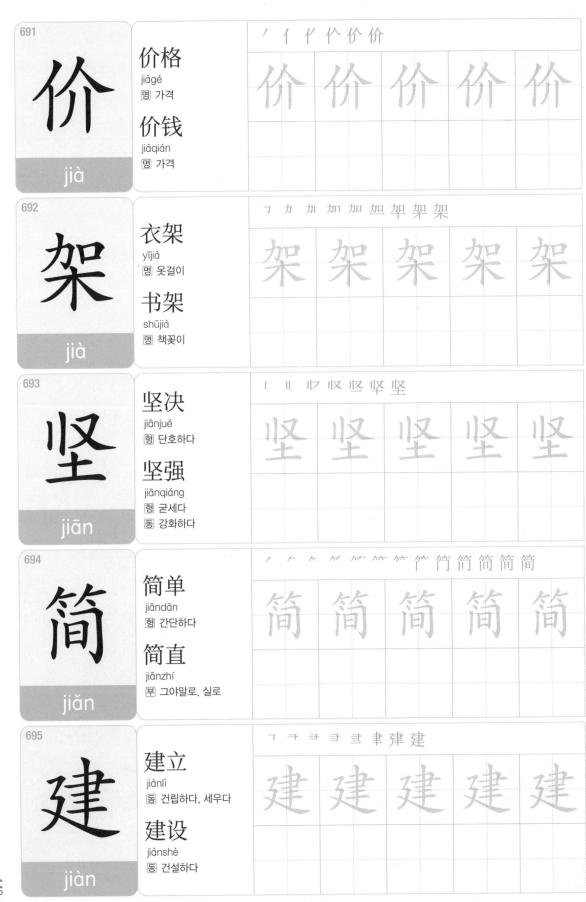

691 价 jià

价格
jiàgé
명 가격

价钱
jiàqián
명 가격

ノ 亻 亻 亻 价 价

692 架 jià

衣架
yījià
명 옷걸이

书架
shūjià
명 책꽂이

フ カ カ 加 加 加 架 架 架

693 坚 jiān

坚决
jiānjué
형 단호하다

坚强
jiānqiáng
형 굳세다
동 강화하다

丨 丨 丨 丨 丨 坚 坚 坚 坚

694 简 jiǎn

简单
jiǎndān
형 간단하다

简直
jiǎnzhí
부 그야말로, 실로

ノ ⺮ ⺮ ⺮ 竹 竹 竹 竹 简 简 简 简 简

695 建 jiàn

建立
jiànlì
동 건립하다, 세우다

建设
jiànshè
동 건설하다

フ ⊐ ⊐ ⊐ ⊐ 聿 建 建

696		
将	将来 jiānglái 명 장래, 미래	` ` `丬 丬 丬 丬 将 将` 将 将 将 将 将
jiāng, jiàng	将领 jiànglǐng 명 고급 장교	

697		
蕉	香蕉 xiāngjiāo 명 바나나	`一 艹 艹 艹 艹 芢 芢 莥 莥 莥 蕉 蕉 蕉 蕉 蕉` 蕉 蕉 蕉 蕉 蕉
qiáo jiāo	蕉农 jiāonóng 명 바나나 재배농	

698		
较	比较 bǐjiào 동 비교하다 개 ～에 비해 부 비교적	`一 艹 车 车 轱 轩 轩 轩 较 较` 较 较 较 较 较
jiào	较量 jiàoliàng 동 (실력을) 겨루다	

699		
解	解决 jiějué 동 해결하다	`ノ ク 少 角 角 角 角 解 解 解 解 解 解` 解 解 解 解 解
jiè, xiè jiě	解开 jiěkāi 동 해체하다	

700		
界	世界 shìjiè 명 세계	`丨 冂 日 月 用 田 罘 罘 界 界` 界 界 界 界 界
jiè	世界杯 shìjièbēi 명 월드컵축구대회	

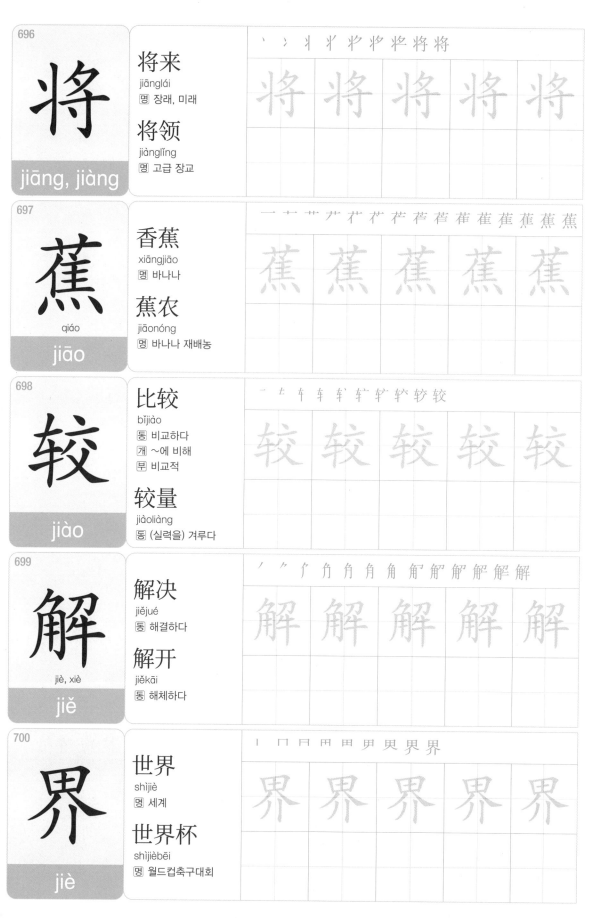

701		
金 jīn	金 jīn 명 금	ノ 人 亼 亼 全 全 金 金
	金牌 jīnpái 명 금메달	金　金　金　金　金

702		
仅 jǐn	不仅 bùjǐn 부 ~만은 아니다 접 ~뿐만 아니라	ノ イ 仅 仅
	仅仅 jǐnjǐn 부 다만	仅　仅　仅　仅　仅

703		
尽 jǐn, jìn	尽快 jǐnkuài 부 되도록 빨리	ᄀ ᄏ 尸 尺 尽 尽
	尽力 jìnlì 동 힘을 다하다	尽　尽　尽　尽　尽

704		
紧 jǐn	紧急 jǐnjí 형 긴급하다	ı ıı ıリ 収 竪 竪 紧 紧 紧
	紧密 jǐnmì 형 매우 밀접하다	紧　紧　紧　紧　紧

705		
精 jīng	精神 jīngshén 명 정신 jīngshen 명 활력 형 활기차다	` ` ⺅ ⺌ ⺑ ⺦ ⺦ ⺮ 精 精 精 精
	精力 jīnglì 명 정신과 체력	精　精　精　精　精

706

景

jǐng

景象
jǐngxiàng
명 현상

景点
jǐngdiǎn
명 경치가 좋은 곳

丨 冂 日 日 昌 尿 景 景 景 景 景

景 景 景 景 景

707

警

jǐng

报警
bàojǐng
동 경찰에 신고하다

警告
jǐnggào
동 경고하다

一 艹 艹 艹 艻 芍 苟 苟 苟 苟 敬 敬 敬 警 警 警 警 警

警 警 警 警 警

708

境

jìng

境界
jìngjiè
명 경계

入境
rùjìng
동 입국하다

一 十 土 土 圹 圹 圹 圹 境 境 境 境 境

境 境 境 境 境

709

旧

jiù

旧
jiù
형 옛날의, 오래된

仍旧
réngjiù
동 옛것을 따르다
부 여전히

丨 丨丨 丨丨 旧 旧

旧 旧 旧 旧 旧

710

救

jiù

救
jiù
동 구하다, 돕다

救命
jiùmìng
동 목숨을 살리다

一 十 寸 才 求 求 求 求 求 救 救

救 救 救 救 救

711	具	jù	具体 jùtǐ 형 구체적이다 具有 jùyǒu 동 구비하나	丨 冂 冂 冃 目 具 具 具 具　具　具　具　具
712	剧	jù	剧场 jùchǎng 명 극장 剧本 jùběn 명 극본, 각본	一 コ 尸 戸 尽 居 居 剧 剧 剧　剧　剧　剧　剧
713	据	jū	jù	据说 jùshuō 동 들리는 바에 의하면 ~이라고 한다 数据 shùjù 명 데이터	一 十 扌 扩 护 护 押 据 据 据 据　据　据　据　据
714	决	jué	决定 juédìng 명동 결정(하다) 决心 juéxīn 명동 결심(하다)	丶 冫 冫 冯 决 决 决　决　决　决　决
715	绝	jué	绝对 juéduì 형 절대적인 부 절대로 拒绝 jùjué 동 거절하다	乛 纟 纟 纟 纟 纩 绝 绝 绝 绝　绝　绝　绝　绝

716 咖 kā, gā	咖啡店 kāfēidiàn 명 커피숍 咖喱 gālí 명 카레	丨 卩 卩 卩 叻 咖 咖 咖 咖 咖 咖 咖 咖
717 恐 kǒng	恐怕 kǒngpà 형 염려하다 부 아마 ~일 것이다 恐龙 kǒnglóng 명 공룡	一 T 工 巩 巩 巩 恐 恐 恐 恐 恐 恐 恐 恐
718 苦 kǔ	苦 kǔ 형 (맛이) 쓰다, 괴롭다 痛苦 tòngkǔ 형 고통스럽다	一 艹 艹 艹 芏 苦 苦 苦 苦 苦 苦 苦
719 裤 kù	短裤 duǎnkù 명 반바지 裤子 kùzi 명 바지	丶 冫 衤 衤 衤 衤 衤 裆 裆 裤 裤 裤 裤 裤 裤 裤
720 况 kuàng	情况 qíngkuàng 명 상황 状况 zhuàngkuàng 명 상태	丶 冫 冫 沪 沪 沪 况 况 况 况 况 况

721

困
kùn
[동] 고생하다
[형] 졸리다

困难
kùnnan
[명][형] 곤란(하다)

困
kùn

｜ 冂 冂 困 困 困 困

困　困　困　困　困

722

浪费
làngfèi
[동] 낭비하다

浪漫
làngmàn
[형] 낭만적이다

浪
làng

丶 丶 氵 氵 氵 浐 浐 泹 浪 浪

浪　浪　浪　浪　浪

723

类
lèi
[명][양] 종류

人类
rénlèi
[명] 인류

类
lèi

丶 丷 半 半 半 米 半 类 类

类　类　类　类　类

724

行李
xíngli
[명] 여행 짐

李子
lǐzi
[명] 자두

李
lǐ

一 十 才 木 李 李 李

李　李　李　李　李

725

经历
jīnglì
[동] 경험하다
[명] 경력, 경험

历史
lìshǐ
[명] 역사

历
lì

一 厂 历 历

历　历　历　历　历

726	立 lì	独立 dúlì 통 독립하다 立即 lìjí 부 즉시, 곧	、 一 十 立 立	立	立	立	立
727	丽 lí	美丽 měilì 형 아름답다 华丽 huálì 형 화려하다	一 丆 厂 厉 厉 丽 丽 丽	丽	丽	丽	丽
728	连 lián	连忙 liánmáng 부 급히, 바삐 连续 liánxù 통 연속하다	一 左 左 车 车 连 连	连	连	连	连
729	联 lián	联合 liánhé 통 연합하다 형 공동의 联合国 Liánhéguó 명 UN, 국제연합	一 丆 耳 耳 耳 耳 耳 联 联	联	联	联	联
730	烈 liè	强烈 qiángliè 형 강렬하다 热烈 rèliè 형 열렬하다	一 丆 歹 歹 列 列 列 烈 烈 烈	烈	烈	烈	烈

领

lǐng

领导
lǐngdǎo
동 이끌고 나가다
명 지도자

领先
lǐngxiān
동 선두에 서다

丿 𠂉 𠂊 今 令 令 𠇑 𫍙 领 领 领

领　领　领　领　领

另

lìng

另外
lìngwài
대 별도의
부 별도로
접 이외에

另一方面
lìng yì fāngmiàn
다른 한편으로는

丨 冂 口 号 另

另　另　另　另　另

龙

lóng

龙
lóng
명 용

龙虾
lóngxiā
명 바닷가재, 랍스터

一 ナ 九 龙 龙

龙　龙　龙　龙　龙

录

lù

录
lù
동 기록하다

录音
lùyīn
명동 녹음(하다)

コ ㄱ ㅋ 쿠 쿠 录 录 录

录　录　录　录　录

乱

luàn

乱
luàn
형 어지럽다, 혼란하다
동 어지럽히다

混乱
hùnluàn
형 혼란하다

一 ニ 千 千 舌 舌 乱

乱　乱　乱　乱　乱

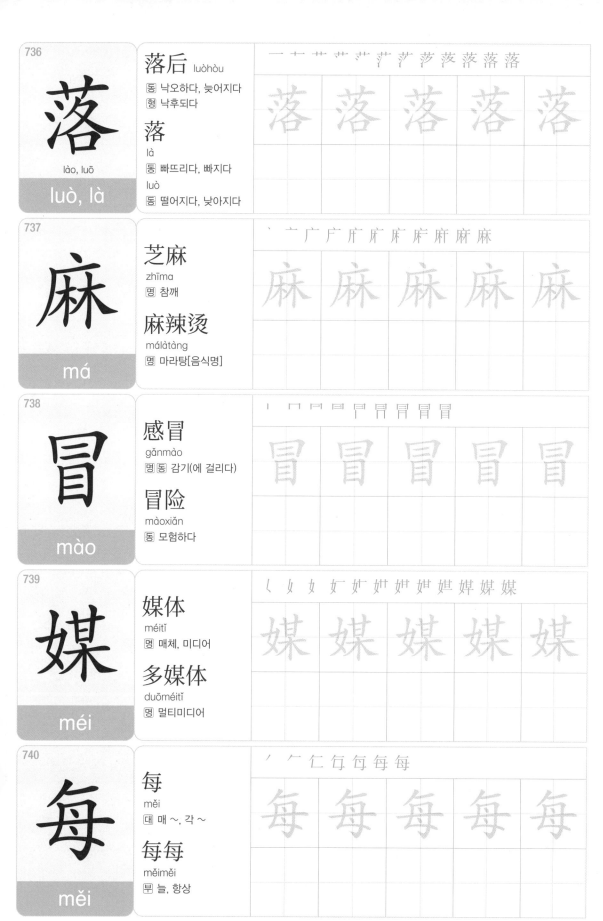

736 落 lào, luō / **luò, là**

落后 luòhòu
- 동 낙오하다, 늦어지다
- 형 낙후되다

落
- là
  - 동 빠뜨리다, 빠지다
- luò
  - 동 떨어지다, 낮아지다

一十十节节芇苹茨莎落落落

737 麻 / **má**

芝麻 zhīma
- 명 참깨

麻辣烫 málàtàng
- 명 마라탕[음식명]

丶亠广广疒疒疒疒床麻麻

738 冒 / **mào**

感冒 gǎnmào
- 명 동 감기(에 걸리다)

冒险 màoxiǎn
- 동 모험하다

丨冂曱曱冐冐冒冒冒

739 媒 / **méi**

媒体 méitǐ
- 명 매체, 미디어

多媒体 duōméitǐ
- 명 멀티미디어

㇗ 女 女 妒 妒 娸 娸 娸 媒 媒

740 每 / **měi**

每 měi
- 대 매 ~, 각 ~

每每 měiměi
- 부 늘, 항상

丿广仁每每每每

741 美 měi	美好 měihǎo 혱 좋다, 훌륭하다	丶丷ǂ놋놋놋놋美美
	美元 měiyuán 몡 미국 달러	美 美 美 美 美

742 迷 mí	迷 mí 동 헷갈리다, 심취하다	丶丷ǂ半米米米迷迷
	歌迷 gēmí 몡 노래 마니아, 음악 팬	迷 迷 迷 迷 迷

743 民 mín	民间 mínjiān 몡 민간	乛冖尸民民
	民族 mínzú 몡 민족	民 民 民 民 民

744 命 mìng	生命 shēngmìng 몡 생명	丿人人合合命命命
	命运 mìngyùn 몡 운명	命 命 命 命 命

745 某 mǒu	某 mǒu 대 어느, 모	一十廿甘甘其某某某
	某某 mǒumǒu 대 어느, 아무개	某 某 某 某 某

746	母亲 mǔqīn 명 모친, 어머니 祖母 zǔmǔ 명 할머니, 조모	乚 几 几 母 母
母 mǔ		

747	木头 mùtou 명 나무(조각), 목재 树木 shùmù 명 수목	一 十 才 木
木 mù		

748	内容 nèiróng 명 내용 内心 nèixīn 명 내심, 마음	丨 冂 内 内
内 nèi		

749	念 niàn 동 그리워하다, (소리 내어) 읽다 想念 xiǎngniàn 동 그리워하다	丿 人 合 今 念 念 念 念
念 niàn		

750	新娘 xīnniáng 명 신부 娘家 niángjiā 명 친정	乚 女 女 女ˊ 女冖 女ㄇ 妒 娘 娘 娘
娘 niáng		

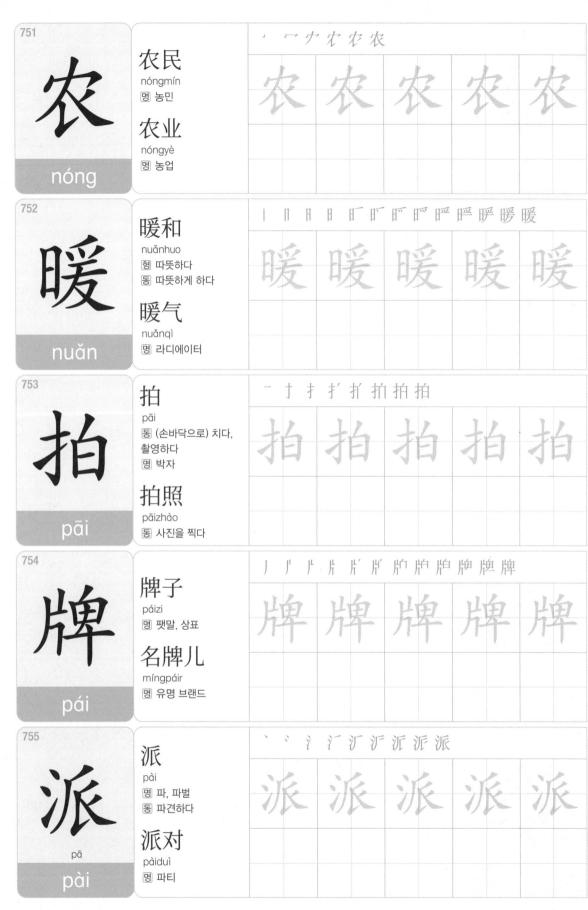

751 农

农

nóng

农民
nóngmín
명 농민

农业
nóngyè
명 농업

` ` 一 ナ ナ 农 农

752 暖

暖

nuǎn

暖和
nuǎnhuo
형 따뜻하다
동 따뜻하게 하다

暖气
nuǎnqì
명 라디에이터

丨 冂 日 日 旷 旷 旷 旷 旷 暚 暚 暖

753 拍

拍

pāi

拍
pāi
동 (손바닥으로) 치다,
촬영하다
명 박자

拍照
pāizhào
동 사진을 찍다

一 十 扌 扌 扩 扩 拍 拍 拍

754 牌

牌

pái

牌子
páizi
명 팻말, 상표

名牌儿
míngpáir
명 유명 브랜드

丿 丬 广 片 片 片 牌 牌 牌 牌 牌 牌

755 派

派

pā

pài

派
pài
명 파, 파벌
동 파견하다

派对
pàiduì
명 파티

丶 丶 氵 沪 沪 沪 派 派 派

756	判断 pànduàn 동 판단하다	丶 丷 丷 半 半 判 判
判 pàn	谈判 tánpàn 동 담판하다	判　判　判　判　判

757	胖 pàng 형 뚱뚱하다	丿 刀 月 月 肝 肝 肝 胖
胖 pán pàng	胖子 pàngzi 명 뚱뚱한 사람	胖　胖　胖　胖　胖

758	配 pèi 동 결합하다	一 厂 冂 厈 酉 酉 酉 酉 配
配 pèi	配合 pèihé 동 배합하다, 호응하다 pèihe 형 어울리다	配　配　配　配　配

759	批评 pīpíng 동 비평하다	一 寸 扌 扎 批 批 批
批 pī	批准 pīzhǔn 동 비준하다, 허가하다	批　批　批　批　批

760	皮包 píbāo 명 가죽 가방	丁 厂 广 皮 皮
皮 pí	皮肤 pífū 명 피부	皮　皮　皮　皮　皮

761	啤酒	丨 丨⁰ 丨⁰ 丨⁰ 丨⁰ʻ 丨⁰ʻ 啍 啍 啤 啤
啤	píjiǔ 명 맥주	啤 啤 啤 啤 啤
	扎啤 zhāpí 명 생맥주	
pí		

762	品种	丨 口 口 吕 吕 吕 品 品 品
品	pǐnzhǒng 명 품종	品 品 品 品 品
	品牌 pǐnpái 명 상표, 브랜드	
pǐn		

763	评价	` 讠 讠 评 评 评 评
评	píngjià 명 동 평가(하다)	评 评 评 评 评
	评论 pínglùn 명 동 평론(하다)	
píng		

764	苹果	一 + 艹 共 芊 芊 苹 苹
苹	píngguǒ 명 사과	苹 苹 苹 苹 苹
	苹果派 pínguǒpài 명 애플파이	
píng		

765	破	一 ア 石 石 石 矿 矿 矿 破 破
破	pò 동 다치다, 상하다	破 破 破 破 破
	破坏 pòhuài 동 파괴하다, 훼손하다	
pò		

766	整齐	` 亠 亠 文 产 齐`
齐	zhěngqí	齐 齐 齐 齐 齐
jì	혱 질서 있다	
qí	동 가지런히 하다	
	齐全	
	qíquán	
	혱 완비하다	

767	好奇	`一 大 大 奇 奇 奇 奇`
奇	hàoqí	奇 奇 奇 奇 奇
qí, jī	혱 호기심이 많다	
	奇数	
	jīshù	
	명 홀수	

768	机器	`丨 口 口 口 吅 吅 哭 哭 哭 哭 器 器 器 器`
器	jīqì	器 器 器 器 器
qì	명 기계	
	器官	
	qìguān	
	명 (생물의) 기관	

769	强大	`フ 弓 弓 弘 弘 弘 弜 弜 强 强 强`
强	qiángdà	强 强 强 强 强
jiàng	혱 강대하다	
qiáng, qiǎng	强迫	
	qiǎngpò	
	동 강요하다	

770	桥梁	`一 十 才 木 木 杁 杁 杵 桥 桥`
桥	qiáoliáng	桥 桥 桥 桥 桥
qiáo	명 교량, 다리	
	天桥	
	tiānqiáo	
	명 육교, 구름다리	

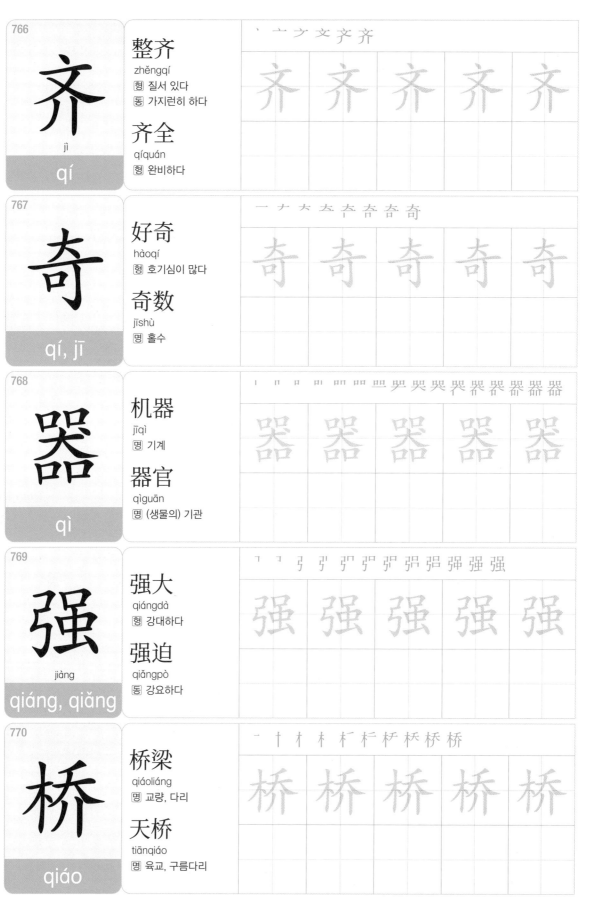

771	巧 qiǎo [형] 공교롭다 巧克力 qiǎokèlì [명] 초콜릿	一 Т Ⅰ Τ 巧
巧 qiǎo		巧　巧　巧　巧　巧

772	切 qiē [동] 자르다, 썰다 qiè [동] 부합하다 [부] 반드시 亲切 qīnqiè [형] 친근하다, 다정하다	一 七 切 切
切 qiē, qiè		切　切　切　切　切

773	亲人 qīnrén [명] 가까운 친척, 육친 亲自 qīnzì [부] 직접, 몸소	丶 亠 亠 立 立 立 辛 辛 亲
qìng **亲** qīn		亲　亲　亲　亲　亲

774	庆祝 qìngzhù [동] 경축하다 国庆节 guóqìngjié [명] 국경절[중국의 건국기념일. 10월 1일]	丶 亠 广 广 庐 庆
庆 qìng		庆　庆　庆　庆　庆

775	地区 dìqū [명] 지역 区别 qūbié [명][동] 구별(하다)	一 ㄱ 又 区
区 qū		区　区　区　区　区

776 缺 **quē**

缺点
quēdiǎn
몡 결점

缺少
quēshǎo
동 모자라다

丿 ᄼ ᅳ 午 缶 缶 缸 缸 缺 缺

777 裙 **qún**

裙子
qúnzi
몡 치마

围裙
wéiqún
몡 앞치마

丶 ᅔ ᅔ ᅔ ᅕ 衤 衤 衤 衤 裙 裙

778 群 **qún**

群体
qúntǐ
몡 무리, 복합체

群众
qúnzhòng
몡 군중, 대중

フ ᄏ ᅨ 尹 尹 君 君 君 群 群 群 群

779 任 **rén** **rèn**

任何
rènhé
대 어떠한 (~이라도)

任务
rènwu
몡 임무

丿 亻 仁 仨 仟 任

780 仍 **réng**

仍
réng
분 여전히

仍然
réngrán
분 여전히

丿 亻 仍 仍

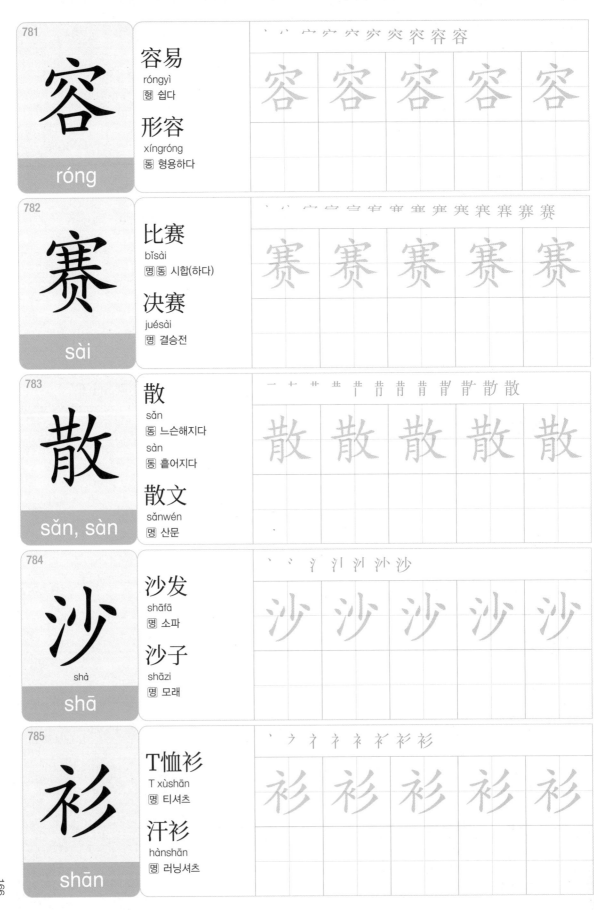

781 容 róng

容易
róngyì
형 쉽다

形容
xíngróng
동 형용하다

丶丷宀宀宊宊宊容容容

782 赛 sài

比赛
bǐsài
명동 시합(하다)

决赛
juésài
명 결승전

丶丷宀宀宀宯宷宲宲宲塞塞赛赛

783 散 sǎn, sàn

散
sǎn
동 느슨해지다
sàn
동 흩어지다

散文
sǎnwén
명 산문

一十卄共艹昔昔散散散散

784 沙 shà / shā

沙发
shāfā
명 소파

沙子
shāzi
명 모래

丶丶氵氵汀沙沙

785 衫 shān

T恤衫
T xùshān
명 티셔츠

汗衫
hànshān
명 러닝셔츠

丶冫礻礻礻礻衫衫

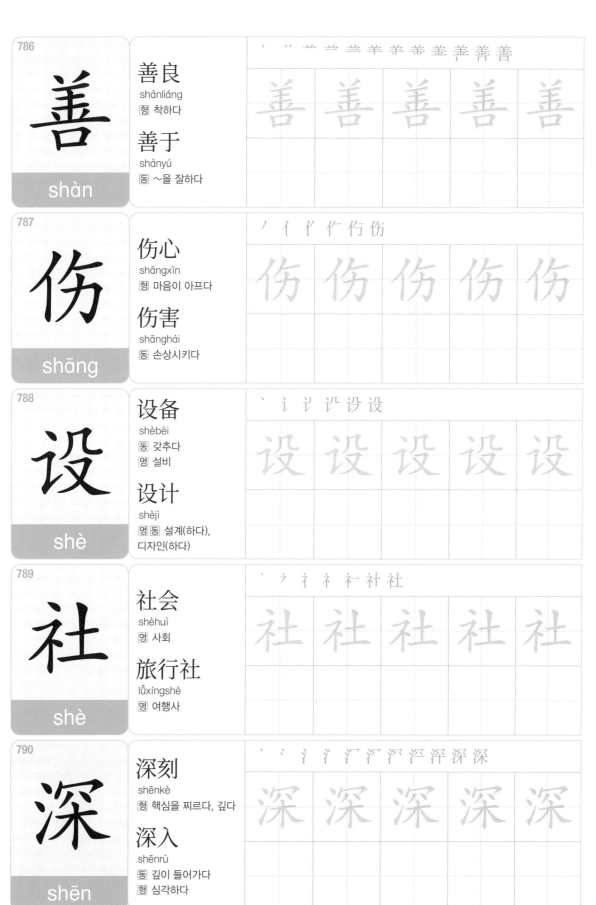

786

善

shàn

善良
shànliáng
[형] 착하다

善于
shànyú
[동] ~을 잘하다

`丷 丷 艹 艹 羊 羊 盖 盖 盖 善 善`

善 善 善 善 善

787

伤

shāng

伤心
shāngxīn
[형] 마음이 아프다

伤害
shānghài
[동] 손상시키다

`丿 亻 伫 仵 仿 伤`

伤 伤 伤 伤 伤

788

设

shè

设备
shèbèi
[동] 갖추다
[명] 설비

设计
shèjì
[명][동] 설계(하다),
디자인(하다)

`丶 讠 讠 讵 讵 设`

设 设 设 设 设

789

社

shè

社会
shèhuì
[명] 사회

旅行社
lǚxíngshè
[명] 여행사

`丶 ラ ネ ネ ネ 社 社`

社 社 社 社 社

790

深

shēn

深刻
shēnkè
[형] 핵심을 찌르다, 깊다

深入
shēnrù
[동] 깊이 들어가다
[형] 심각하다

`丶 丶 氵 氵 沪 沪 沪 浬 浬 深 深`

深 深 深 深 深

791		
神	神秘 shénmì 형 신비하다 神话 shénhuà 명 신화	丶 ㇀ 礻 礻 礻 祁 神 神 神　神　神　神　神
shén		

792		
升	升 shēng 동 오르다, 올리다 升级 shēngjí 동 승급하다, 승진하다	ノ 一 チ 升 升　升　升　升　升
shēng		

793		
胜	胜 shèng 동 이기다 胜利 shènglì 동 승리하다	ノ 丿 月 月 月 胩 胩 胖 胜 胜　胜　胜　胜　胜
shēng shèng		

794		
失	失去 shīqù 동 잃어버리다 失败 shībài 동 실패하다	ノ 一 二 牛 失 失　失　失　失　失
shī		

795		
石	石头 shítou 명 돌 石油 shíyóu 명 석유	一 丆 ㄒ 石 石 石　石　石　石　石
dàn shí		

796 始 shǐ	开始 kāishǐ 동 시작되다, 시작하다 명 시작, 처음 始终 shǐzhōng 명 처음과 끝 분 내내, 줄곧	ㄑ ㄠ ㄠ 奻 奻 奻 始 始 始　始　始　始　始
797 世 shì	去世 qùshì 동 (성인이) 세상을 떠나다 世纪 shìjì 명 세기	一 十 卅 卅 世 世　世　世　世　世
798 式 shì	正式 zhèngshì 형 정식의 仪式 yíshì 명 의식, 행사	一 二 干 工 式 式 式　式　式　式　式
799 似 shì, sì	似的 shìde 조 마치 ~과 같다 类似 lèisì 동 비슷하다	ノ 亻 化 化 似 似 似　似　似　似　似
800 势 shì	优势 yōushì 명 우세 势力 shìlì 명 세력	一 十 扌 扫 执 执 势 势 势　势　势　势　势

801	首先 shǒuxiān 뷰 맨 먼저 대 첫 번째 首脑 shǒunǎo 명 수뇌, 영도자	丷 쓰 산 产 产 首 首 首 首 首　首　首　首　首
首 shǒu		

802	输 shū 동 나르다, (경기에서) 지다 输入 shūrù 동 (밖에서 안으로) 들여 보내다, 수입하다	一 士 车 车 轩 轮 轮 轮 输 输 输 输 输 输　输　输　输　输
输 shū		

803	属 shǔ 동 ~에 속하다, ~띠이다 属于 shǔyú 동 ~에 속하다	丿 厂 尸 尸 尸 尸 尸 尸 屈 属 属 属 属　属　属　属　属
属 zhǔ shǔ		

804	艺术 yìshù 명형 예술(적인) 手术 shǒushù 명동 수술(하다)	一 十 才 木 术 术　术　术　术　术
术 zhú shù		

805	结束 jiéshù 동 끝나다 束 shù 동 묶다 양 묶음, 다발	一 厂 冖 ㄷ 中 束 束 束　束　束　束　束
束 shù		

806		双	フ ヌ 双 双
双 shuāng	双 shuāng 형 두 개의 양 쌍, 켤레 双方 shuāngfāng 명 쌍방, 양측		双 双 双 双 双

807			一 ア ア 歹 歹 死
死 sǐ	死 sǐ 동 죽다 死机 sǐjī 동 (컴퓨터가) 다운되다		死 死 死 死 死

808			一 厂 戸 戸 吏 束 束 涑 速
速 sù	高速公路 gāosù gōnglù 명 고속도로 速度 sùdù 명 속도		速 速 速 速 速

809			𠄌 厶 台 台 台
台 tāi	台 tái 명 단, 무대 양 대, 편[기계나 공연 등 을 셀 때 쓰임] 台风 táifēng 명 태풍		台 台 台 台 台

810			` 讠 讠 讠 ヴ 汱 谈 谈 谈 谈
谈 tán	谈 tán 동 말하다 谈恋爱 tán liàn'ài 연애하다		谈 谈 谈 谈 谈

811

汤
tāng
shāng
tāng
명 뜨거운 물, 탕, 국

汤匙
tāngchí
명 (중국식) 탕 숟가락

` ` 氵 氻 沔 汤 汤

汤 汤 汤 汤 汤

812

糖
táng
táng
명 설탕, 사탕

糖醋肉
tángcùròu
명 탕수육

` ` ` ⺮ ⺮ ⺮ ⺮ 扩 扩 炉 炉 炉 烞 糖 糖 糖 糖

糖 糖 糖 糖 糖

813

甜
tián
tián
형 달다

甜品
tiánpǐn
명 단맛 간식, 디저트

一 二 千 千 舌 舌 舌 甜 甜 甜 甜

甜 甜 甜 甜 甜

814

跳
tiào
tiào
동 뛰다

跳舞
tiàowǔ
동 춤추다

丨 ⼝ ⼝ 卩 ⾜ ⾜ ⾜ 趵 趵 趵 跳 跳 跳

跳 跳 跳 跳 跳

815

痛
tòng
痛苦
tòngkǔ
형 고통스럽다

痛快
tòngkuài
형 통쾌하다, 유쾌하다

` 亠 广 广 疒 疒 疒 疒 疔 痌 痌 痛

痛 痛 痛 痛 痛

816	突出	`丶` `丶` `宀` `宀` `空` `空` `穴` `突` `突`
	tūchū	突 突 突 突 突
	동 툭 튀어나오다	
突	형 뛰어나다	
	突然	
	tūrán	
tū	형 갑작스럽다	

817	土地	`一` `十` `土`
	tǔdì	土 土 土 土 土
	명 토지, 땅	
土	土豆	
	tǔdòu	
tǔ	명 감자	

818	团结	`丨` `冂` `冃` `団` `团` `团`
	tuánjié	团 团 团 团 团
	동 단결하다	
团	형 화목하다	
	团体	
	tuántǐ	
tuán	명 단체	

819	退	`フ` `コ` `ヨ` `艮` `艮` `艮` `退` `退`
	tuì	退 退 退 退 退
	동 물러나다	
退	退出	
	tuìchū	
tuì	동 퇴장하다, 탈퇴하다	

820	愿望	`丶` `亠` `亡` `切` `切` `望` `望` `望` `望` `望`
	yuànwàng	望 望 望 望 望
	명 희망, 바람	
望	失望	
	shīwàng	
wàng	동 실망하다	
	형 실망스럽다	

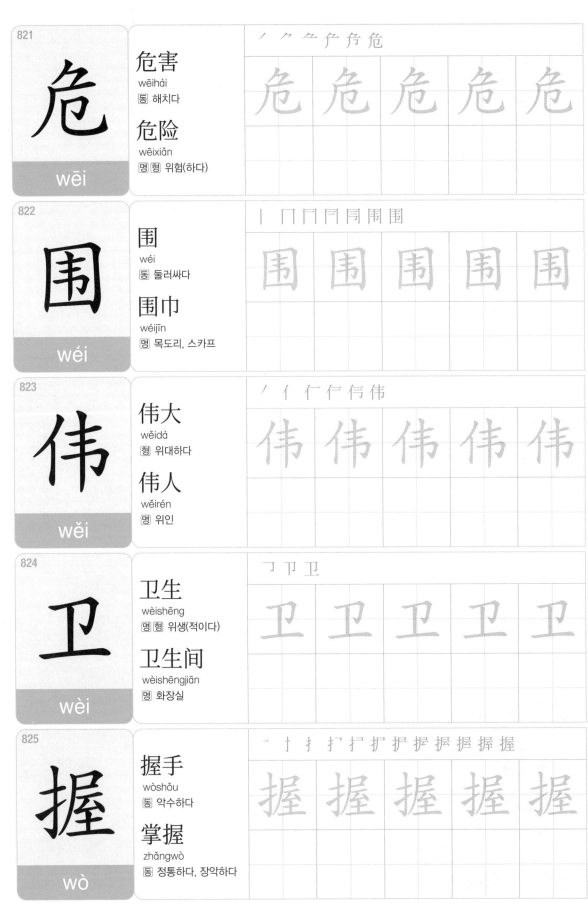

821	危 wēi	危害 wēihài 동 해치다 危险 wēixiǎn 명 형 위험(하다)	´ ⺈ ⺈ ⼇ ⼇ 危 危 危 危 危 危
822	围 wéi	围 wéi 동 둘러싸다 围巾 wéijīn 명 목도리, 스카프	⎜ ⎕ ⎕ ⎕ ⎕ 围 围 围 围 围 围 围
823	伟 wěi	伟大 wěidà 형 위대하다 伟人 wěirén 명 위인	´ ⺅ ⺅ ⺅ 伟 伟 伟 伟 伟 伟 伟
824	卫 wèi	卫生 wèishēng 명 형 위생(적이다) 卫生间 wèishēngjiān 명 화장실	⼅ ⼅ 卫 卫 卫 卫 卫 卫
825	握 wò	握手 wòshǒu 동 악수하다 掌握 zhǎngwò 동 정통하다, 장악하다	一 扌 扌 扩 护 护 护 护 握 握 握 握 握 握 握 握

826 屋 wū	房屋 fángwū 명 집 屋子 wūzi 명 방	フ コ ア ア ア 尾 尾 屋 屋 屋　屋　屋　屋　屋
827 武 wǔ	武器 wǔqì 명 무기 武术 wǔshù 명 무술	一 二 テ テ 正 正 武 武 武　武　武　武　武
828 舞 wǔ	舞台 wǔtái 명 무대 舞蹈 wǔdǎo 명동 춤(추다)	′ 仁 仁 仁 缶 缶 無 舞 舞 舞 舞 舞 舞 舞　舞　舞　舞　舞
829 误 wù	误会 wùhuì 명동 오해(하다) 误解 wùjiě 명 잘못 이해함 동 잘못 이해하다	` 讠 讠 讵 误 误 误 误 误 误　误　误　误　误
830 希 xī	希望 xīwàng 명동 희망(하다) 希腊 Xīlà 명 그리스[국가명]	′ 乂 纟 产 产 希 希 希　希　希　希　希

831	游戏	フ ヌ ヌ 虻 戏 戏				
戏	yóuxì 명 놀이, 게임 동 놀다	戏	戏	戏	戏	戏
hū	戏剧 xìjù 명 연극, 극본					
xì						

832	显得	｜ 冂 冃 目 旦 吊 吊 吊 显				
显	xiǎnde 동 ~하게 보이다	显	显	显	显	显
	显然 xiǎnrán 형 명백하다					
xiǎn						

833	保险	３ �373 阝 阝 阝 险 险 险 险				
险	bǎoxiǎn 명 보험 동 보증하다	险	险	险	险	险
	风险 fēngxiǎn 명 위험, 리스크					
xiǎn						

834	线	＜ ㄥ ㄥ ㄣ 纟 纟 线 线 线				
线	xiàn 명 실, 선	线	线	线	线	线
	线路 xiànlù 명 선로, 회로					
xiàn						

835	家乡	ㄥ ㄥ 乡				
乡	jiāxiāng 명 고향	乡	乡	乡	乡	乡
	故乡 gùxiāng 명 고향					
xiāng						

836

香
xiāng
형 향기롭다, 맛있다

香肠
xiāngcháng
명 소시지

xiāng

一 二 千 禾 禾 禾 香 香 香

香　香　香　香　香

837

箱子
xiāngzi
명 상자

冰箱
bīngxiāng
명 냉장고

xiāng

丿 ㇒ ㇒ ㅆ 竹 竹 竺 竺 竿 笻 筩 筩 箱 箱 箱

箱　箱　箱　箱　箱

838

现象
xiànxiàng
명 현상

想象
xiǎngxiàng
동 상상하다

xiàng

丿 ㇓ ㇒ 刍 刍 兔 兔 鱼 象 象 象

象　象　象　象　象

839

消费
xiāofèi
동 소비하다

消失
xiāoshī
동 없어지다

xiāo

丶 丶 氵 氵 氵 浐 浐 消 消 消

消　消　消　消　消

840

效果
xiàoguǒ
명 효과

有效
yǒuxiào
동 효력이 있다

xiào

丶 亠 产 六 方 交 孥 孥 效 效

效　效　效　效　效

841	血	´ ノ 白 血 血 血				
血	xiě, xuè 명 피	血	血	血	血	血
	血管 xuèguǎn 명 혈관					
xiě, xuè						

842	形成	一 二 于 开 开 形 形				
形	xíngchéng 동 이루다	形	形	形	形	形
	形式 xíngshì 명 형식					
xíng						

843	幸运	一 十 土 キ 去 幸 幸 幸				
幸	xìngyùn 명 행운 형 운이 좋다	幸	幸	幸	幸	幸
	荣幸 róngxìng 형 영광스럽다					
xìng						

844	性别	´ ´ 忄 忄 忄 忄 性 性				
性	xìngbié 명 성별	性	性	性	性	性
	性质 xìngzhì 명 성질					
xìng						

845	修改	´ 亻 亻 忄 忟 修 修 修 修				
修	xiūgǎi 동 수정하다	修	修	修	修	修
	修理 xiūlǐ 동 수리하다					
xiū						

846 需 xū	需求 xūqiú 명 요구, 수요 需要 xūyào 동명 필요(로 하다), 요구(되다)	一 厂 厂 户 雪 雪 雪 雪 雪 雪 雪 需 需 需 需 需 需 需 需
847 续 xù	手续 shǒuxù 명 수속, 절차 延续 yánxù 동 지속되다, 계속하다	纟 纟 纟 纟 纟 纩 纩 续 续 续 续 续 续 续 续 续
848 宣 xuān	宣布 xuānbù 동 선포하다 宣传 xuānchuán 동 선전하다	丶 宀 宀 宀 宀 宁 宁 宣 宣 宣 宣 宣 宣 宣
849 训 xùn	培训 péixùn 동 훈련하다 培训班 péixùnbān 명 트레이닝 클래스, 양성반	丶 讠 讠 训 训 训 训 训 训 训
850 压 yā, yà	压力 yālì 명 압력 压板 yàbǎn 명 시소	一 厂 厂 厅 压 压 压 压 压 压 压

851	烟 yān 명 연기	` ` ` ⺊ ⺊ 火 灯 灯 炯 烟 烟 烟
		烟 烟 烟 烟 烟
烟 yīn	抽烟 chōu yān 담배를 피우다	
yān		

852	演出 yǎnchū 동 공연하다	` ` ⺀ ⺀ ⺀ ⺀ 浐 浐 浐 浐 演 演 演 演
		演 演 演 演 演
演	演员 yǎnyuán 명 연기자, 배우	
yǎn		

853	经验 jīngyàn 명동 경험(하다)	7 马 马 马 驴 驴 驴 验 验 验
		验 验 验 验 验
验	体验 tǐyàn 동 체험하다	
yàn		

854	羊 yáng 명 양[동물]	` ⺀ ⺀ 兰 兰 羊
		羊 羊 羊 羊 羊
羊	羊肉串 yángròuchuàn 명 양고기 꼬치	
yáng		

855	意义 yìyì 명 뜻, 의의	` ⺀ 义
		义 义 义 义 义
义	名义 míngyì 명 이름, 명의, 형식	
yì		

856	工艺 gōngyì 명 수공예 艺术家 yìshùjiā 명 예술가	一 ナ 艺 艺
艺 yì		艺 艺 艺 艺 艺

857	会议 huìyì 명 회의 议论 yìlùn 동 비평하다 명 의론, 시비	丶 讠 议 议 议
议 yì		议 议 议 议 议

858	轻易 qīngyì 형 수월하다, 쉽다 부 가볍게, 함부로 贸易 màoyì 명 무역	丨 冂 日 日 月 易 易 易
易 yì		易 易 易 易 易

859	营养 yíngyǎng 명 영양 营业 yíngyè 동 영업하다	一 ナ 艹 艹 营 营 营 营 营 营 营
营 yíng		营 营 营 营 营

860	赢 yíng 동 이기다 赢得 yíngdé 동 얻다	丶 宀 宀 宀 宀 宀 亓 亓 亓 亓 亓 赢 赢 赢 赢
赢 yíng		赢 赢 赢 赢 赢

861	泳 yǒng	游泳 yóuyǒng 동 수영하다 游泳池 yóuyǒngchí 명 수영장	`丶 丶 氵 汀 汀 汀 沪 泳 泳 泳` 泳 泳 泳 泳 泳
862	优 yōu	优点 yōudiǎn 명 장점 优秀 yōuxiù 형 우수하다	`丿 亻 仁 忧 优 优` 优 优 优 优 优
863	邮 yóu	邮件 yóujiàn 명 우편물, 메일 邮票 yóupiào 명 우표	`丨 冂 日 由 由 邮 邮` 邮 邮 邮 邮 邮
864	预 yù	预报 yùbào 명동 예보(하다) 预习 yùxí 동 예습하다	`フ マ マ 予 予 予 矛 疒 预 预 预` 预 预 预 预 预
865	员 yún, yùn	服务员 fúwùyuán 명 종업원 员工 yuángōng 명 직원, 사원	`丨 冂 冂 呂 員 員 員` 员 员 员 员 员

866 约 *yāo* **yuē**	节约 jiéyuē 통 절약하다 约会 yuēhuì 명동 만날 약속(을 하다)	ㄑ ㄠ ㄠ 纟 纱 约 约 约 约 约 约 约
867 杂 **zá**	复杂 fùzá 형 복잡하다 杂志 zázhì 명 잡지	丿 九 杂 杂 杂 杂 杂 杂 杂 杂 杂 杂
868 造 **zào**	造成 zàochéng 동 조성하다, 초래하다 造型 zàoxíng 동 형상을 만들어 내다 명 조형물	丿 广 牛 生 告 告 告 浩 造 造 造 造 造 造 造
869 责 **zé**	责任 zérèn 명 책임 指责 zhǐzé 동 지적하다, 질책하다	一 二 主 丰 丰 青 青 责 责 责 责 责 责 责
870 增 **zēng**	增加 zēngjiā 동 증가하다 增长 zēngzhǎng 동 늘어나다	一 十 土 圹 圹 圹 圻 圻 圻 增 增 增 增 增 增 增 增 增

展

zhǎn

展开
zhǎnkāi
동 펼치다

展览
zhǎnlǎn
동 전시하다

フ コ 尸 尸 尸 尾 屛 屛 展 展

展 展 展 展 展

872

张

zhāng

紧张
jǐnzhāng
형 긴장해 있다

主张
zhǔzhāng
명동 주장(하다)

フ フ 引 引 引 张 张

张 张 张 张 张

873

章

zhāng

文章
wénzhāng
명 글, 문장, 저작

章鱼
zhāngyú
명 문어

丶 亠 ナ 立 立 产 咅 音 音 竟 章

章 章 章 章 章

874

争

zhēng

争取
zhēngqǔ
동 쟁취하다

争论
zhēnglùn
명 논쟁

丿 ク ⺈ 夊 争 争

争 争 争 争 争

875

整

zhěng

整个
zhěnggè
형 전체의

整理
zhěnglǐ
동 정리하다

一 ㄱ �〒 亩 車 束 束 束' 敕 敕 敕 敕 整 整 整

整 整 整 整 整

876		证件	` 讠 讠 订 证 证 证
证		zhèngjiàn 명 증명서, 증거 서류	证 证 证 证 证
zhèng		证明 zhèngmíng 동 증명하다 명 증명서	

877		支持	一 十 サ 支
支		zhīchí 동 지탱하다, 지지하다	支 支 支 支 支
zhī		支付 zhīfù 동 지불하다	

878		苹果汁	` ` 氵 汁 汁
汁		píngguǒzhī 명 사과 주스	汁 汁 汁 汁 汁
zhī		西瓜汁 xīguāzhī 명 수박 주스	

879		价值	ノ 亻 亻 亻 仿 佔 佔 值 值 值
值		jiàzhí 명 가치	值 值 值 值 值
zhí		值得 zhídé 동 ~할 만한 가치가 있다	

880		职工	一 厂 耳 耳 耳 耳 职 职 职 职 职
职		zhígōng 명 직원과 공원, 관리직과 생산직	职 职 职 职 职
zhí		职位 zhíwèi 명 직위	

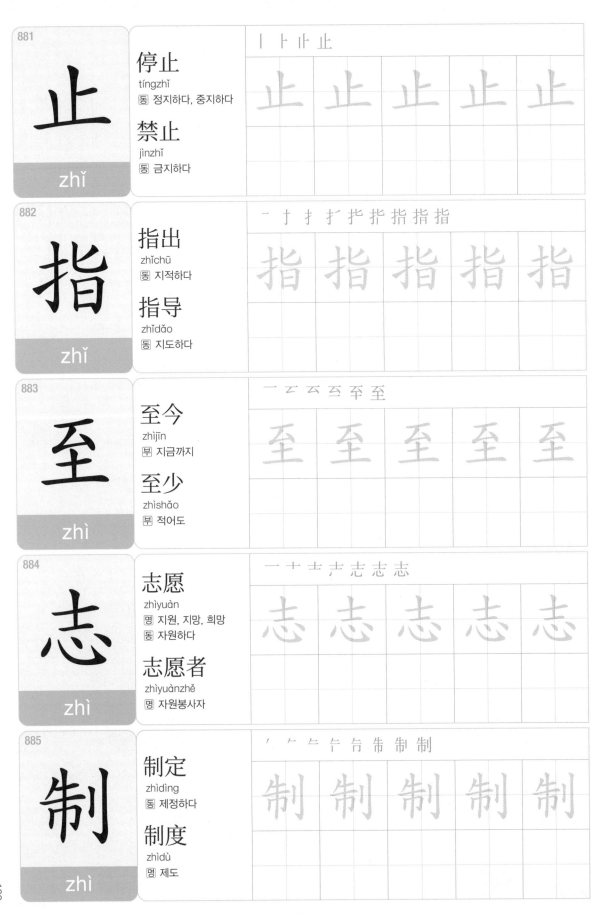

881 止 zhǐ

停止
tíngzhǐ
동 정지하다, 중지하다

禁止
jìnzhǐ
동 금지하다

丨 ㅏ 止 止

止 止 止 止 止

882 指 zhǐ

指出
zhǐchū
동 지적하다

指导
zhǐdǎo
동 지도하다

一 丁 才 扌 扩 抃 拃 指 指 指

指 指 指 指 指

883 至 zhì

至今
zhìjīn
부 지금까지

至少
zhìshǎo
부 적어도

一 厶 厷 至 至 至

至 至 至 至 至

884 志 zhì

志愿
zhìyuàn
명 지원, 지망, 희망
동 자원하다

志愿者
zhìyuànzhě
명 자원봉사자

一 十 士 志 志 志 志

志 志 志 志 志

885 制 zhì

制定
zhìdìng
동 제정하다

制度
zhìdù
명 제도

丿 ヒ 乍 乍 与 制 制 制

制 制 制 制 制

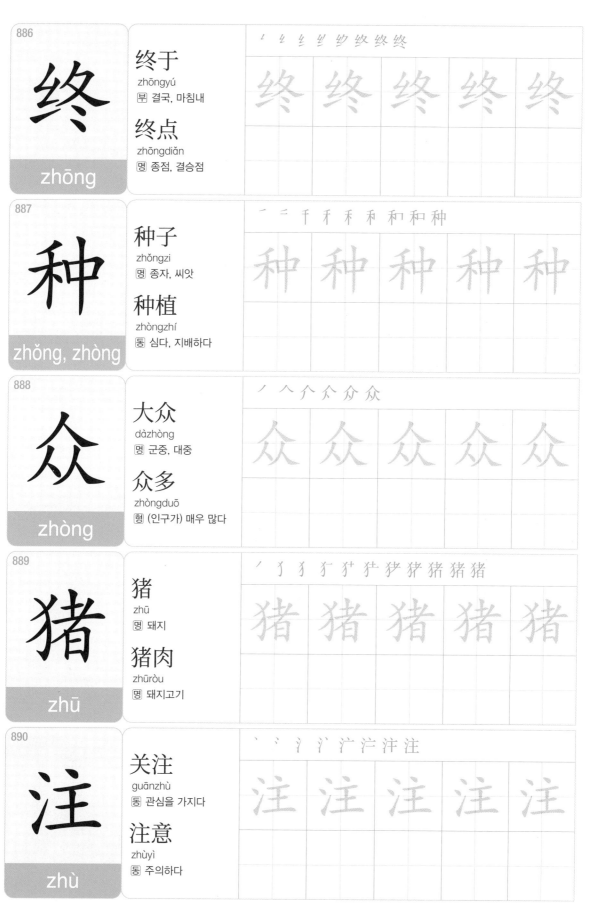

886	终于 zhōngyú 團 결국, 마침내	´ ∠ 纟 纟 纟 纱 终 终 终
终 zhōng	终点 zhōngdiǎn 團 종점, 결승점	终 终 终 终 终

887	种子 zhǒngzi 團 종자, 씨앗	´ 二 千 千 禾 禾 和 和 种
种 zhǒng, zhòng	种植 zhòngzhí 團 심다, 지배하다	种 种 种 种 种

888	大众 dàzhòng 團 군중, 대중	´ 人 亼 乑 仌 众
众 zhòng	众多 zhòngduō 團 (인구가) 매우 많다	众 众 众 众 众

889	猪 zhū 團 돼지	´ 犭 犭 犭 犭 犭 狚 猪 猪 猪
猪 zhū	猪肉 zhūròu 團 돼지고기	猪 猪 猪 猪 猪

890	关注 guānzhù 團 관심을 가지다	` ` 氵 氵 氵 广 产 注 注
注 zhù	注意 zhùyì 團 주의하다	注 注 注 注 注

891	祝 zhù 동 축원하다 祝福 zhùfú 동 축복하다	丶 ㇈ ㇇ ㇒ ㇒ 衤 礻 祀 祀 祝 祝 祝 祝 祝 祝

zhù

892	抓住 zhuāzhù 동 움켜잡다 抓紧 zhuājǐn 동 꽉 쥐다	一 ㇐ 扌 扩 扩 折 抓 抓 抓 抓 抓 抓

zhuā

893	专家 zhuānjiā 명 전문가 专门 zhuānmén 부 일부러, 오로지 형 전문적인	一 ㇐ 专 专 专 专 专 专 专

zhuān

894	转变 zhuǎnbiàn 동 바뀌다 转动 zhuǎndòng 동 움직이다 zhuàndòng 동 돌다, 회전하다	一 ㇐ 车 车 车 轩 转 转 转 转 转 转 转

zhuǎn, zhuàn

895	形状 xíngzhuàng 명 형상, 모양 状态 zhuàngtài 명 상태	丶 ㇈ ㇒ 丬 ㇒ 状 状 状 状 状 状 状 状

zhuàng

896

追
zhuī
동 뒤따르다

追求
zhuīqiú
동 추구하다

zhuī

`丶 亻 亻 户 户 自 自 自 追 追`

897

资格
zīgé
명 자격

资金
zījīn
명 자금

zī

`丶 丷 冫 汀 汀 次 次 资 资 资`

898

总结
zǒngjié
명동 총결산(하다)

总是
zǒngshì
부 늘, 줄곧

zǒng

`丶 丷 丷 冖 兰 兰 总 总 总`

899

足够
zúgòu
동 충분하다, 만족하다

足球
zúqiú
명 축구, 축구공

zú

`丨 口 口 甲 甲 足 足`

900

贵族
guìzú
명 귀족

家族
jiāzú
명 가족

zú

`丶 亠 亣 方 方 扩 扩 斿 萨 萨 族 族`

중국어 문장부호 익히기

문장부호	이름	기능 및 예문
。	句号 jùhào 고리점	평서문 끝에 쓰여 문장의 끝맺음을 나타냄 我是中国人。 他是我弟弟。
?	问号 wènhào 물음표	문장 끝에 쓰여 의문을 나타냄 你是韩国人吗? 你叫什么名字?
!	叹号 tànhào 느낌표	문장 끝에 쓰여 감탄을 나타냄 你好! 真可爱!
，	逗号 dòuhào 반점	문장 안에서 짧은 쉼을 나타냄 我也很好,你呢? 这是我的朋友,张元!
、	顿号 dùnhào 모점	병렬된 단어나 구 사이의 쉼을 나타냄 我家有四口人,爸爸、妈妈、姐姐和我。
；	分号 fēnhào 쌍반점	복문에서 병렬된 절 사이의 쉼을 나타냄 在单位,他是好领导;在家里,他是好丈夫。